Mémoires d'un moine aventurier tibétain

Recueillis
par Hugh Richardson

Traduits de l'anglais
par Marianne Guénot

Éditions
Philippe Picquier

Titre original : *Adventures of a Tibetan Fighting Monk*

Le Mas de Vert
BP 150
13631 Arles cedex

En couverture : © Olivier Föllmi

Conception graphique : Picquier & Protière

ISBN : 2-87730-397-7
ISSN : 1251-6007

Avant-propos

Au Tibet, la tradition voulait que seule la vie des grands hommes puisse être l'objet d'un livre ; aussi, jusqu'ici, les biographies classiques évoquaient-elles des expériences spirituelles, à l'exclusion de toute autre chose. Depuis le grand exode tibétain vers l'Inde, la biographie au sens plus occidental du terme est devenue possible : c'est l'exemple du Dalaï-Lama, suivi de celui de son frère Tagtsher Rimpoche, ainsi que de quelques autres personnalités importantes.

Ici, l'histoire de Tashi, son parcours qui va de la campagne tibétaine à l'exil en Inde et en Grande-Bretagne, donne un éclairage tout autre sur l'histoire tibétaine, et cette perspective permet d'aborder toute la société du Tibet. Elle constitue donc un complément indispensable à l'histoire des dignitaires.

Ce livre est né d'une série d'entretiens que nous avons eus tantôt en anglais, tantôt en tibétain ; parfois, nous nous sommes rencontrés à Tring, d'autres conversations ont eu lieu dans notre maison en Ecosse. Durant les neuf ans que j'ai passés au Tibet, j'ai eu l'occasion de connaître le cadre de vie de Tashi. Je suis allé dans son village natal, j'ai pu visiter son monastère et son école ; j'ai été invité dans des maisons de Lhassa qu'il connaissait, j'ai assisté à des cérémonies du Nouvel An tibétain et j'ai campé sur les hauts plateaux. J'étais aussi présent à Lhassa, lors des événements de Reting. Même si j'avais pu apercevoir Tashi au camp de réfugiés de Misamari en 1960, nous sommes presque certains que nos chemins ne se sont jamais croisés au Tibet. J'ai appris avec surprise et amusement que ni lui ni probablement la plupart de ses collègues moines n'étaient au courant de la présence à Lhassa d'un représentant du gouvernement britannique. En ce qui me concerne, je n'avais eu aucune difficulté à rencontrer des moines, des villageois et des bergers, et à parler avec eux, mais nos discussions étaient restées – à quelques exceptions près – assez superficielles. Mes contacts les plus étroits s'étaient limités aux nobles officiels et aux lamas de haut rang avec qui notre mission diplomatique entretenait naturellement des liens. Avec eux seuls, nous avions pu avoir des discussions approfondies. Ainsi, le récit de la vie de Tashi m'a dévoilé un pan entier de la société tibétaine dont j'ignorais tout. En l'écoutant, j'ai été souvent frappé de retrouver chez lui des traits de caractère que j'admirais depuis longtemps chez ses compatriotes : autonomie et compétence, sans aucune trace d'autosatisfaction ou d'arrogance ; tolérance et amabilité, sans morgue ; forte conscience morale ; gaieté, gentillesse et bonne humeur. Cette ressemblance a renforcé ma conviction que les grands et les simples partagent au fond une même manière de penser, et que la différence de classe entre eux est très ténue.

La documentation ainsi réunie a été organisée avec le souci de ne jamais altérer la simplicité naturelle du récit de Tashi. Ce dernier ne semble pas avoir été freiné par des considérations morales. Ma connaissance de la culture et de l'histoire tibétaine m'ont simplement permis d'orienter ses souvenirs. J'ai cependant essayé d'éviter à tout prix de lui faire dire des choses qu'il ne pensait pas et je me suis efforcé de transcrire ce qu'il me racontait et non pas ce que j'en déduisais. Ce fut une tâche fascinante et enrichissante. J'espère que la lecture de ce livre le sera tout autant.

HUGH RICHARDSON

Le village de Tshapanang

Je suis né à Tshapanang, un village situé à cinquante kilomètres de Lhassa en descendant la vallée de la rivière Kyi. Je ne connais pas ma date de naissance, toutes ces choses ont peu d'importance au Tibet et n'en ont pas plus pour moi aujourd'hui. Je peux néanmoins affirmer sans me tromper que ce devait être un mercredi car ce fut mon premier prénom, Lhakpa. Mon père et ma mère auraient évidemment pu m'indiquer si j'étais né l'été ou l'hiver, ou encore me préciser l'année de ma naissance par son animal astrologique. Cependant, pour faire plaisir à mes amis britanniques et grâce à leur aide, je crois pouvoir dire que je suis né tard dans l'année du rat, soit en 1937.

Tshapanang est un assez gros village qui dépend du monastère de Sera, près de Lhassa. Mon père, Tseten Dorje était un homme important ; ma mère était du même village et y possédait quelques acres de terre. Elle était bergère pour le monastère avant son mariage, elle s'entendait bien avec les animaux, n'avait jamais perdu un mouton et avait permis à de nombreux agneaux de grandir. La coutume voulait que les bons bergers soient bien récompensés, elle avait donc reçu de bons vêtements et ces quelques champs. Ils étaient son entière propriété, elle ne devait acquitter aucun impôt dessus et était libre de les donner ou de les vendre à quelqu'un du village. Ces parcelles n'étaient pas bien grandes, mais amélioraient sensiblement le revenu familial. Mon père, lui, ne possédait pas de terre, il affermait celles des moines, les cultivait et payait les impôts usuels. Il n'aurait peut-être pas été autorisé à s'en aller, mais je ne crois pas qu'il l'ait jamais voulu ; il avait une belle maison et menait une vie confortable.

Tshapanang était situé sur des terres fertiles et, comme dans la plupart des villages de cette région, les paysans faisaient deux récoltes par an. La première, semée en hiver et moissonnée en juin, était la meilleure. Elle revenait dans sa presque totalité en impôt au monastère ; mais la seconde, qu'on semait tout de suite après et qu'on récoltait en octobre, nous revenait entièrement. D'un autre côté, nous récupérions le fumier dégagé par Sera et cela nous assurait des récoltes abondantes.

A cela venaient s'ajouter des chevaux, des mulets, des bœufs, quelques vaches, des yacks de labour, des ânes, des porcs et des poules. Les animaux nous appartenaient et n'étaient soumis qu'à une légère imposition qui s'élevait à deux moutons, un cochon et six cents œufs par an.

D'autre part, comme Tshapanang était traversé par la grand-route, nous devions assumer une part du service de l'*ula*, qui nous imposait de fournir aux fonctionnaires laïcs ou religieux en déplacement, des animaux de rechange, le gîte et le couvert. Ce devoir était strictement contrôlé, il était impossible d'y échapper, mais cela allégeait d'autant notre impôt sur les récoltes.

Mon père était petit et râblé, tout comme moi d'ailleurs. Il avait une barbe bien fournie, ce qui est rare et très admiré au Tibet, même si une belle barbe s'accompagne souvent d'une bonne calvitie. Il se montrait toujours calme et doux, mais n'en était pas moins volontaire. Les villageois venaient souvent lui demander conseil sur leurs droits et devoirs, car, sans savoir ni lire ni écrire, il connaissait parfaitement tous les us et coutumes. C'était un homme à l'esprit pratique, qui savait affirmer les droits du village en face des fonctionnaires sans pour autant les irriter. Ma mère était une femme vive et efficace, elle gérait bien notre maison. Avec nous, elle était douce et gentille, tout en étant bien déterminée à nous inculquer les bonnes manières.

Depuis, j'ai rencontré pas mal de monde en Inde et en Europe, et je m'aperçois que les Tibétains sont calmes et peu démonstratifs. Toutefois, la plupart d'entre eux ont un caractère très indépendant et bien affirmé : ainsi, ma mère n'a jamais eu peur de discuter ouvertement, sur un pied d'égalité avec mon père. Bien que les Tibétains n'affichent pas leurs sentiments, ils sont très sensibles. Je crois cependant que leur tolérance naturelle les incite le plus souvent à éviter les querelles et les scènes violentes. En tout cas, je n'ai jamais ressenti la moindre trace de colère entre mes parents.

Ma famille se composait de trois garçons et de deux filles, j'en étais le cadet. Je n'ai pas connu mon frère aîné, il avait quitté la maison avant ma naissance. Est-il parti à la suite d'un désaccord avec mes parents ou avait-il simplement envie d'aventure ? Je n'en sais rien. Il est allé en Inde et peut-être qu'il y est toujours. Après lui, viennent Dekyi Drokar, ma sœur aînée, mon frère Dordje et ma sœur Yangchen. Etant le dernier, j'étais un peu trop chouchouté par ma mère et par Dekyi Drokar. Une jeune servante qui avait fui Phenpo, au nord de Lhassa, agrandissait notre maisonnée. Elle avait été mariée à un muletier qui s'était fait tuer dans une bagarre. Quand elle s'est retrouvée veuve, les autres servantes ont commencé à la rudoyer et à lui assigner les travaux les plus ingrats. Son maître avait bien sûr le droit de la faire chercher, ramener de force et de la punir, mais les choses se passaient rarement ainsi. Il y avait également un homme âgé qui s'occupait des ânes et des cochons sans toutefois habiter chez nous.

Notre maison, qu'on appelait « Dekyi Kangsar » – « La nouvelle maison du bonheur » – se tenait un peu en retrait de la route, entourée de peupliers et de saules. Au bout d'un étroit sentier, un solide porche de bois ouvrait sur une large cour carrée bordée sur trois côtés par des stalles ouvertes. C'est là que voyageurs et marchands laissaient leurs bêtes et leur chargement quand ils s'arrêtaient pour la nuit. Au nord de la cour, notre maison était construite, comme souvent au Tibet, autour d'un petit patio à ciel ouvert. On y pénétrait par le côté. Tout le rez-de-chaussée était réservé aux animaux et aux outils. De toute façon, les Tibétains n'aiment pas vivre au ras du sol. Un escalier raide montait des écuries vers les pièces d'habitation, il débouchait sur un couloir circulaire qui menait dans les chambres.

En premier, fermée par un épais rideau de bure, venait la cuisine, le centre de vie. C'était une longue pièce que les étroites fenêtres aux châssis de bois tendus de papier huilé parvenaient à peine à éclairer. Le four de terre battue se dressait contre le mur du fond. L'hiver, pour avoir plus chaud, nous installions un brasero au centre qu'on alimentait avec de la tourbe ou de la bouse séchée. Il n'y avait pas de cheminée, la fumée s'échappait par un simple trou percé dans le plafond. Recouverts de tapis élimés, deux divans de crin adossés au mur faisaient face aux ustensiles de cuisine en laiton et en cuivre qui reluisaient sur les étagères. De solides crochets disposés çà et là permettaient de suspendre sacs et autres objets de première nécessité. Matelas et couvertures étaient empilés dans un coin. C'était la pièce la plus importante de la maison, on y dînait, passait la soirée et c'est également là que nous dormions. En face de la cuisine, de l'autre côté de la petite cour, se trouvait le débarras dans lequel étaient entreposées les réserves de *tsampa*, farine d'orge grillé, de *chang*, bière d'orge, d'huile et de sel ; on y rangeait aussi les harnais, les brides et tout un bric-à-brac. C'est dans cette pièce que dormait notre servante et que les poules allaient se cacher pour couver. La porte suivante s'ouvrait sur une petite chambre à coucher, mes parents l'utilisaient quand elle n'abritait pas de voyageurs.

On entrait dans notre meilleure pièce par une porte au-delà de la cuisine. Elle occupait quasiment toute la partie sud de la maison, dominant les cours intérieures, recevant le soleil toute la journée en étant bien protégée du vent. C'était à la fois notre petite chapelle et notre salle de réception. Les fenêtres étaient larges, à châssis de bois ciselé, et de fines cotonnades blanches filtraient la lumière. Le sol miroitait, il était recouvert d'*arka*, une sorte de ciment tibétain qui prenait une belle teinte rouge sombre et un poli brillant. Nous l'entretenions avec de la cire à bougie que mon père rapportait de Lhassa et que nous étalions en glissant chaussés de patins de feutre. C'est dans cette pièce que se trouvait l'autel familial, avec ses statues du grand maître Tsong Ka Pa, de la douce Droma et d'autres déités. Sur le côté, un *thangka*, peinture religieuse sur tissu, représentant Tamdrin, le protecteur à l'air féroce, était accroché au mur. Des lampes à beurre brûlaient toute la journée sur l'autel, où étaient disposées les offrandes de riz et la rangée de petits bols de métal contenant l'offrande d'eau pure. De l'encens se consumait en permanence. Nous-mêmes utilisions très peu cette pièce en dehors des cérémonies familiales pour le Nouvel An. De temps en temps, mon père invitait quelques moines qui célébraient un office pour le bien de notre famille. Toutefois, quand des voyageurs importants s'arrêtaient, des lamas ou des fonctionnaires, c'est là que nous les installions. A cette occasion, nous recouvrions les coussins centraux de taies de soie et nous étalions des tapis sur le sol. Si nous n'en avions pas assez, nous en empruntions aux voisins.

Nous accédions au toit-terrasse par une échelle. Aux quatre coins, les bannières de prière flottaient au vent dispersant les fumées d'encens qui s'échappaient des grands pots chaulés. Monter allumer l'encens était le premier geste de ma mère à son réveil. Des senteurs d'armoises et d'azalées s'élevaient en volutes de tous les toits du village et parfumaient l'air du matin au soir. Au centre du toit, une tourelle carrée était construite juste au-dessus de l'autel et on pouvait planter les grands drapeaux de prières dans des godets creusés de chaque côté, ce qu'on faisait au Nouvel An ou à l'anniversaire du Dalaï-Lama.

Dans toutes les maisons du monde, les commodités sont un endroit important. Au Tibet, on les abrite souvent dans une tourelle, bâtie au nord de la maison, dans le bas de laquelle on aménage une ouverture pour dégager les excréments. Notre tourelle était au rez-de-chaussée dans un coin de l'étable et d'un entretien rudimentaire ; une pelletée de terre de temps en temps, et un grand nettoyage au printemps quand on fumait les champs. Ce système ne serait pas envisageable dans un pays au climat tempéré, mais dans l'air froid et sec du Tibet, ça ne posait pas de problème.

Ce qui faisait de notre maison l'une des plus belles du village, c'était sa grande cour carrée qui pouvait abriter les voyageurs et leurs équipages en leur assurant une étape confortable. Les plus fortunés louaient une de nos chambres et s'approvisionnaient en fourrage et en *chang*, ce qui nous apportait un bon bénéfice. A cela s'ajoutait le profit qu'on tirait de la location de nos fours. Le long du mur méridional de la cour, nous avions aménagé des fours en terre où les villageois venaient griller l'orge pour un prix modique. Ainsi, nous avions de bons revenus et je ne crois pas que mon père ait eu des dettes. Dans certaines régions du Tibet, les fermiers sont liés à leurs propriétaires par de lourdes dettes. Il suffit parfois d'une mauvaise récolte pour mettre le pied dans l'engrenage. Il faut alors emprunter les semences pour l'année suivante, quand ce n'est pas de l'orge pour survivre, et évidemment payer un intérêt. Bien souvent, le régisseur n'exige pas d'argent ou de grain, mais prend un poney ou une vache en garantie. Si le paysan peut lui donner un veau ou un poulain, cela vaut paiement. Certains fermiers sont dans des situations telles que leur endettement croît d'année en année. Quand le Dalaï-Lama atteignit sa majorité, il annula par décret les dettes les plus anciennes. Tshapanang était un village cossu, sur des terres fertiles où les récoltes étaient abondantes et je ne me souviens pas qu'il y eut quelqu'un de très pauvre au village, ni aucune disette. D'ailleurs, je ne crois pas qu'on aurait laissé quelqu'un dans cette condition dans notre voisinage.

Aussi loin que je me souvienne, la vie y était plutôt facile. Mon père était assez occupé par ses devoirs de chef et son travail à la ferme, mais il n'avait jamais l'air pressé, il prenait le temps ici et là d'aller à Lhassa. Bien que le voyage durait trois ou quatre jours, il préférait souvent payer quelqu'un pour le faire à sa place.

En revanche, il tenait à labourer ses champs lui-même. Les labours commençaient par une cérémonie sur le premier terrain. Nous décorions joliment le bétail avec des pompons rouges, parions leurs colliers avec des coquillages et des clochettes. Un prêtre *bön*, vêtu de blanc, dirigeait la cérémonie et procédait aux offrandes autour d'une pierre blanche au centre du champ. Consacrée aux esprits de la terre et de l'eau, cette pierre était abordée avec respect et délicatesse. A la fin du rite, les labours débutaient, les femmes suivaient la charrue en dispersant les semences. C'était un début symbolique et l'on s'arrêtait vite pour boire du thé et du *chang*, et enfiler les vrais vêtements de travail. Nous étions très fiers de nos bêtes de trait et mon père leur donnait même une alimentation spéciale l'hiver. Une fois le travail de nos terres terminé, nous les louions aux voisins.

Il y avait bien d'autres cérémonies dans les champs. L'été, une procession faisait le tour du village pour une bonne récolte. Un moine ou un lama venait diriger l'office. Il était accompagné d'une belle jeune fille et d'un garçon.

La jeune fille arborait une riche coiffe ornée de perles fines, d'or et de turquoises, le garçon était vêtu de soie jaune. On empruntait ces parures à un riche voisin et même les nobles de Lhassa étaient heureux de prêter leurs bijoux à cette occasion. Les villageois, dans leurs plus beaux atours, les suivaient en portant les livres saints sur leur dos. Les années où la pluie se faisait attendre, les paysans l'appelaient en se poursuivant à travers le village, s'aspergeant les uns les autres. Et, bien sûr, la moisson se terminait toujours par une grande fête.

Ma mère et ma sœur Dekyi Drokar m'ont aidé à préciser ces souvenirs d'enfance, car, bien évidemment, je ne me souviens pas de tout. Elles m'ont aussi raconté tous les petits incidents de ces années, et l'un d'entre eux aurait pu tourner au drame.

Dekyi Drokar s'occupait de moi la plupart du temps, déchargeant ma mère qui était affairée entre la maison et la ferme. Ma sœur Yangchen travaillait chez un voisin contre un peu d'argent, et de plus elle était responsable des tâches liées au service de l'*ula*. Un jour d'hiver, Dekyi Drokar devait aller prendre de l'orge au moulin. Elle empila les sacs sur un bœuf et me jucha au sommet. Nous devions emprunter un étroit sentier le long du canal qui draine l'eau de la rivière vers la meule. En arrivant près des pales de bois, le bœuf sauta le ruisseau et glissa sur l'autre berge ; déséquilibré, je tombai la tête la première dans l'eau, crevant la glace dans ma chute. Entraîné par le courant, je dérivai, inconscient, vers la roue du moulin, mais une souche providentielle me retint le temps nécessaire et Dekyi Drokar put briser la glace et me tirer de là. Elle crut un instant que j'étais noyé, mais je repris vite connaissance.

Les enfants tibétains se brûlent souvent en jouant trop près du feu. Je porte des marques de brûlure qui prouvent que je n'étais pas une exception.

Le dernier incident dont je vous ferai part fut celui qui décida de ma vie. C'était le temps des moissons et ma mère m'amenait aux champs où je pouvais jouer avec d'autres enfants pendant qu'elle travaillait. Un brin de paille a dû se planter dans mon œil droit et ma paupière s'est enflammée. Mon œil continua de gonfler en dépit du beurre dont ma mère le badigeonnait généreusement. Comme elle s'inquiétait, elle décida de m'amener consulter Lama Sharpa, un *tulkou* – lama réincarné – du monastère de Sera, réputé pour son habilité de médecin. Elle m'enroula dans une couverture et me porta jusqu'au petit ermitage sur la colline derrière le monastère où le lama faisait retraite. Ce voyage a dû lui prendre au moins deux jours. Le lama examina mon œil et nous garda près de lui le temps de me soigner. Dès que je fus mieux, ma mère décida de rentrer, elle fit ses offrandes au lama et reçut sa bénédiction. C'est alors qu'il lui demanda de me laisser afin que je devienne moine et, plus tard, un de ses suivants. Il aurait été difficile de refuser. De toute manière, ma mère était dévote et elle se sentait flattée que son fils fût choisi par un lama important. Mon père, lui, n'était pas si content ! Il n'avait plus qu'un fils à la maison, dont il ne pouvait pas attendre beaucoup d'aide, car il gardait les troupeaux du monastère. Il avait espéré que je pourrais l'aider à la ferme en grandissant. Enfin, le sort en décida autrement et je devins moine – un tout petit moine. J'avais quatre ans.

On me donna un bon bain, me rasa les cheveux et je prononçai mes vœux. Je m'engageais à ne pas avoir de rapport avec les femmes, à ne rien posséder – enfin, un moine énonçait les vœux et je me contentais de répondre ce qu'on m'avait appris. On m'habilla de la robe rouge foncé des moines et me donna le nom de Tenzin Khedrup pour marquer mon entrée dans les ordres. Le lama se chargea de réunir les offrandes qui étaient présentées en mon nom, une *khata*, longue écharpe rituelle de couleur blanche, une pièce d'argent et un pot de thé. Ensuite, ma mère dut me laisser et s'en retourner seule. Je fus confié au trésorier du lama, qui était en charge de ses propriétés et de la domesticité. Plusieurs trésoriers, *chandzo*, comme on les appelle en tibétain, interviennent dans mon histoire, celui-ci se nomme Chandzo Dote, du nom de la propriété à laquelle il était attaché.

Le monastère de Sera

A trois kilomètres au nord de Lhassa, après une plaine sablonneuse, un ensemble de bâtiments blancs avec des fenêtres qui ne sont que des lignes sombres niche au pied de la montagne. A l'abri du mur d'enceinte, précédées de cours pavées, se trouvent les quatre salles d'assemblée où l'on accède par quelques marches immaculées bordées de haut piliers carmin. Les épais murs chaulés s'élèvent, troués de quelques fenêtres à l'étage, et viennent buter sur une large bande rouge sombre. Sur le toit, alternent les hautes bannières de victoire dorées et les petites coupoles d'or. Un peu plus loin, s'entassent les maisons des moines bâties sur trois étages et séparées par un étroit sentier de sable. Sept mille moines vivent ici, et Sera ressemble à une petite ville très affairée.

Le monastère est organisé en trois collèges, *tratsang*, qui sont divisés en sous-collèges, *khamtsen*. Dans chaque *khamtsen*, un *tulkou* dirige un *labrang*. Les *labrang* sont plus ou moins indépendants des *khamtsen* et ils sont quelquefois très riches. Les *labrang*, quartiers d'habitation du lama, ont leur chapelle, ils possèdent souvent des terres dans tout le Tibet et leur propre domesticité. Si chaque *labrang* est lié à un *khamtsen*, les assistants et serviteurs du lama ne dépendent que de lui et échappent au contrôle de l'abbé. J'entrais comme novice au *labrang* de Sharpa, attaché au *khamtsen* de Kongbo du collège Me du monastère de Sera. On m'installa dans la maison de Chandzo Dote qui était spacieuse et bien meublée. D'autres moines y habitaient aussi, les servants du *chandzo* et ceux de Lama Sharpa. Mon lama avait donné des ordres afin que le *chandzo* s'occupe personnellement de moi ; ainsi, il me lavait, m'habillait et me donnait à manger. Tous les matins, je le suivais à la grande assemblée et m'asseyais, comme un petit chien sur un coin de son coussin.

Je me souviens mal de cette époque. Mais je me rappelle qu'on m'amenait l'après-midi chez le lama. Il jouait avec moi, ou me faisait danser et chanter et me parlait un peu de religion en m'enseignant des prières simples. Plus tard, il m'apprit à lire et à écrire. Je ne recevais aucune autre éducation. A mon avis, le lama avait alors une quarantaine d'années et il jouissait d'une bonne réputation de maître. Le matin, ses élèves venaient recevoir les enseignements, mais j'étais encore bien trop petit pour y assister. Aucun autre moine ne faisait attention à moi, et Chandzo Dote était bien trop occupé, avec sa charge administrative. Je pense à lui avec gratitude mais sans émotion. Il était toujours gentil et patient, mais ne me témoignait aucun intérêt particulier, il s'occupait de moi car c'était le souhait de son maître, Lama Sharpa. Pour moi, le lama fut un deuxième père, et je me souviens toujours de lui avec une profonde affection.

Ma mère venait me rendre visite dès qu'elle en avait la possibilité, apportant du beurre, de la farine et des douceurs. Nous nous retrouvions dans la salle de réception, il n'aurait pas été convenable qu'une femme se rende chez le *chandzo* pour une visite de courtoisie ou qu'elle pénètre dans la chambre du lama en dehors d'une cérémonie. Bien évidemment, entre le travail de la ferme et de la maison, sans parler du long voyage, ma mère ne venait pas aussi souvent qu'elle l'aurait souhaité. Mon père venait plus rarement encore ; au Nouvel An et à la fin de l'été, au moment où l'on présentait dans les *khamtsen* les danses de l'Ache Lhamo. Les moines sont toujours heureux de recevoir leurs amis à cette occasion et ils se mettent en quatre pour leur servir un bon repas et veiller à ce qu'ils ne manquent de rien. Quelquefois, pour cette fête, mes parents passaient la nuit dans une des petites maisons réservées aux marchands et aux serviteurs laïcs, qui étaient bâties à l'extérieur de l'enceinte du monastère. Quand ils venaient, ils apportaient toujours une farine très fine en cadeau pour le lama.

Mon père avait un frère plus âgé qui était moine dans un autre collège de Sera. C'était un homme très instruit et un maître très demandé, il était donc confortablement logé et ses élèves prenaient soin de lui. Ils se relayaient pour veiller à son confort, faire son thé, ses repas et nettoyer sa maison. Mon père allait toujours le voir et je pouvais aussi lui rendre visite de temps en temps. Il était bon, généreux, me donnait quelquefois un peu d'argent, des sucreries et beaucoup de précieux conseils.

Cela peut avoir l'air d'une vie difficile pour un si petit garçon d'être séparé des siens de cette façon, mais c'était le cas de nombreux enfants tibétains, et peut-être du fait que cette expérience était partagée par beaucoup, elle n'était pas prise au tragique.

Nous autres Tibétains sommes plutôt patients et tolérants, peut-être que le lien familial n'est pas aussi intense que dans d'autres pays. J'adorais ma mère, mais je ne me souviens nullement avoir été malheureux au *labrang* – ou du moins pas longtemps. Lama Sharpa était bon et je vivais dans une plus grande aisance que si j'étais resté à la maison. C'était quelquefois ennuyeux de rester assis dans la chambre du lama quand il s'entretenait avec des visiteurs, et il m'arrivait de m'échapper pour aller jouer avec les autres petits moines. Quand je rentrais de ces escapades, il me grondait un peu et me donnait une gentille tape pour m'apprendre à être obéissant et bien élevé.

Une fois, ma mère apporta une jatte de lait caillé dont j'étais très friand. Je voulais tout manger d'un coup, mais le lama me prit le pot et le jucha sur le haut de l'armoire en disant que je devais attendre l'heure du repas. J'étais très contrarié et je me souviens que je contemplais cette jatte, en braillant comme un misérable. Un autre jour, quelque chose avait dû me bouleverser sérieusement et, me sentant négligé, je décidai de rentrer immédiatement chez moi. Je sortis seul du monastère, mais j'étais encore tout petit et je n'allai pas loin dans la plaine sablonneuse qui commence juste derrière les portes. Quelqu'un me retrouva et me ramena au *labrang*. Je ne fus pas grondé, au contraire, le lama me cajola et me réconforta jusqu'à ce que je sois mieux.

Un soir où j'étais avec le lama, nous avons entendu un bruit étrange dans le ciel. Nous nous sommes précipités sur le toit et un son qui me fit penser à un roulement de tambour retentit au-dessus de nos têtes accompagné d'une lumière flamboyante. J'étais assez effrayé. Le lama dit que ce devait être un avion. Nous avons appris plus tard qu'un avion s'était écrasé dans la vallée du Tsangpo, au sud de Lhassa, et que les étrangers qui s'y trouvaient avaient été conduits en ville. Je les croisai un jour. Ils portaient d'épais manteaux de cuir.

Je me souviens encore de l'excitation que je ressentais en allant me coucher la veille du jour de l'an, sachant qu'une surprise m'attendrait au réveil. Bien sûr, je me levai très tôt ce matin-là, trop curieux de découvrir mes cadeaux qui, le plus souvent, étaient des vêtements neufs. C'est un peu comme les enfants d'Europe qui mettent leurs chaussons devant la cheminée la veille de Noël.

Une année, le lama se rendit en pèlerinage au bord d'un lac sacré, et, comme j'étais encore trop petit pour faire un si long voyage, on m'autorisa à retourner dans ma famille pour un mois environ.

Ce fut un mois très heureux. On se levait tôt, et on prenait un bol de thé accompagné de *tsampa*. Ensuite, nous nourrissions les chiens tandis que les ânes et les chevaux sortaient pour leur journée de travail. Si, par chance, je pouvais grimper sur l'un d'eux, c'est ce que je préférais. Au village, j'avais le droit de porter des vêtements laïcs, un pantalon et la *chuba* tibétaine, ce long manteau serré à la taille pour former une grande poche. Mes habits de drap rouge indiquaient que j'étais moine, mais ne m'empêchaient pas de jouer avec les enfants du village toute la journée. Nous construisions des maisons avec de la boue, nous endiguions les canaux d'irrigation, observions la traite des vaches, ramassions la bouse qui servait de combustible, ou encore partions en quête d'une racine noire qui ressemble aux truffes et dont on est très friand au Tibet. Il y avait beaucoup de choses à manger. Une marmite de soupe mijotait toute la journée au coin du feu. Je fouillais les nids de poules et leur chipais un œuf pour le gober, ou je prenais une pleine poignée d'orge grillé dans un sac, et quelquefois un peu d'huile de moutarde dans une jarre quand ma mère ne regardait pas. Elle me surprit un jour et, s'armant d'un grand couteau, elle prétendit qu'elle allait me couper la main. Je n'ai pas eu peur, mais ma sœur l'a cru et s'est mise à hurler.

Le principal repas était celui de la mi-journée, nous déjeunions de *tsampa*, de pommes de terre, de fromage et de temps en temps d'un peu de viande. A ce propos, un jour je visai une grue avec ma fronde pour la regarder s'envoler quand je l'atteignis à la tête et la tuai net. Je me sentis honteux et confus, car la grue est un oiseau de bon augure. Je savais que mon père se mettrait en colère, car il était très religieux. Je voulus l'enterrer, mais ma sœur me convainquit de la rapporter à la maison. Elle la farcit avec des herbes et de la *tsampa* pour la faire cuire ; tout le monde se régala. Quelquefois, nous attrapions des perdreaux dans des filets de crin, qui n'étaient pas mauvais non plus. Nos parents n'aimaient pas que nous chassions, mais d'un autre côté, il ne pouvaient s'empêcher de goûter nos prises. Cela n'était pas très grave en ce qui concerne les perdreaux, car ce sont de mauvais oiseaux, et si l'un d'entre eux se pose sur le toit ou dans la cour, ça porte malheur.

Il y a beaucoup de légendes à propos des oiseaux. Le corbeau est sage et malin, il peut prédire l'avenir si vous écoutez le ton de sa voix avec attention. Mais il s'efface devant le coucou qui est, sans conteste, le roi des oiseaux. Quand il arrive à Lhassa au printemps, les corbeaux doivent lui abandonner les arbres et aller se percher sur les rochers. Mais le coucou est un vrai tyran, il pince la tête de tous les autres oiseaux qui osent manger avant qu'il ne soit complètement rassasié, le troglodyte est le seul à ne pas en avoir peur. Si vous trouvez un nid de troglodyte vide, jetez-le dans le ruisseau, et, si vous avez de la chance, il s'en détachera une baguette magique. Celui qui réussit à l'attraper obtient le pouvoir de se rendre invisible. Le crave à bec rouge, lui aussi, est un bon oiseau et c'est l'un des serviteurs de Kongtsun Demo, la déité qui protège le *khamtsen* de Kongbo auquel j'appartiens. En revanche, le choucas est mal vu, il a désobéi aux ordres de la princesse chinoise qui construisait le temple de Ramoché – il n'a pas rapporté le bois qu'on lui avait demandé, il n'a donc plus le droit de paraître à Lhassa. La pie est, elle aussi, un mauvais oiseau, car les jeunes tuent leur mère.

Nous nous racontions ces histoires le soir pendant la veillée. Nous dînions en général assez tard, puis les femmes s'installaient pour nettoyer et trier la laine, les hommes filaient, fabriquaient des semelles de cordes ou s'occupaient à d'autres petits travaux. Le seul éclairage provenait d'une petite lampe à huile de moutarde. En un sens, c'était suffisant, mais personne ne pouvait lire, alors nous chantions et racontions des histoires.

Quand il était temps de se coucher, nous déroulions simplement nos couvertures. Mon père se servait une tasse de *chang* qu'il posait près de son lit.

La plupart des hommes tibétains prennent ce « *chang* du soir » qui est toujours de la meilleure qualité. Dans quelques familles nobles, on le sert sucré.

Après cette visite, je suis plusieurs fois retourné dans ma famille, mais c'est de ce premier séjour que je garde le meilleur souvenir.

Mes jours heureux comme jeune novice

En grandissant, je devenais capable de me débrouiller seul et on m'envoya prendre ma place à la grande assemblée du matin. La salle pouvait contenir à peu près cinq mille personnes, heureusement, cet office n'était pas obligatoire, et la population de Sera ne s'y trouvait jamais au complet. Seuls les moines les plus pauvres y allaient tous les jours car on y servait un bol de gruau d'orge. Certains jours, un repas de riz et de viande était servi ; mieux, un peu d'argent était distribué. C'est qu'un dévot faisait des dons, et, ces jours-là, nous étions beaucoup plus nombreux. En général, les moines qui pouvaient subvenir à leurs besoins n'y allaient pas régulièrement, et je dois avouer que je n'y allais moi-même que les jours de grande distribution. Suivant la saison, l'assemblée commençait à sept heures ou à neuf heures. A l'aube, un moine grimpait sur le toit et scandait le *Om Swatsi* sur un rythme régulier pendant deux ou trois heures. Tous les six appels, il frappait un coup sur l'un des ornements dorés qui résonnait comme un gong. Cette pratique avait cours dans tous les grands monastères, seuls les appels différaient. A Drepung, on criait « Chip, chip », « Venez,

venez », et à Ganden, on battait le tambour. C'est une charge difficile, il faut grimper sur le toit à l'aurore, été comme hiver. Le reste du temps, ce moine avait pour fonction de tenir les chiens éloignés de la cour principale. Il était payé avec de la farine et du beurre.

Pendant ce temps-là, les moines se rassemblaient sur les larges marches en attendant l'ouverture des portes, qui avait lieu après qu'un son soit soufflé dans une conque pour signaler le dernier appel. Suivait une incroyable bousculade pour trouver une place. Les abbés, les *tulkou* et les dignitaires religieux avaient leurs sièges réservés sur de petits trônes près des autels. La coutume voulait que les moines les plus âgés s'installent dans les premières rangées, sur des coussins rouge foncé et un peu graisseux étalés sur toute la longueur, au milieu d'une forêt régulière de hauts piliers, habillés de tissu vermillon. Les autres moines s'asseyaient où ils pouvaient. Les plus petits attendaient à l'arrière pour ne pas être écrasés dans la cohue. Certains ne parvenaient même pas à entrer avant la fermeture des portes.

La salle était sombre, imprégnée d'une lourde odeur d'encens et de beurre rance. A l'arrière, dans une multitude de chapelles et d'oratoires trônaient les belles et grandes statues drapées de brocarts avec d'énormes lampes à beurre dorées, et toutes sortes d'offrandes ainsi que des symboles religieux placés devant elles. Les murs étaient recouverts de fresques représentant des scènes religieuses, des bannières peintes et des draperies de soie coulaient le long des piliers.

La récitation était entrecoupée par des intermèdes de hautbois, de tambours et de clochettes. Je chantais en chœur quand, par chance, je reconnaissais une prière, mais c'était assez difficile pour les moines-enfants. Nous étions mal installés, accroupis entre les rangs. Le plus souvent, nous préférions jouer ou même nous chamailler, ceci à condition d'échapper à l'œil attentif du vigile qui circulait entre les rangées et gratifiait d'un solide coup de bâton le moindre manquement à l'ordre. Un des tours préférés des enfants consistait à s'infiltrer entre chaque rang et recevoir les dons plusieurs fois.

Après la grande assemblée, les lettrés se rendaient aux enseignements dans leur *khamtsen* ou se retiraient pour étudier et méditer dans leur cellule. Aux alentours de midi, les collèges tenaient leur assemblée. Celle-ci était plus fréquentée que celle du matin, cette assiduité étant due en grande partie à la qualité des repas servis et au thé distribué en grande quantité. La disposition était la même que dans la grande salle, la cohue en moins, car nous devions entrer en ordre. Il y avait encore un office dans la grande salle l'après-midi, et celui du soir, qui se tenait vers huit heures, avait lieu dans les *khamtsen*. Ensuite, il fallait aller se coucher ou, du moins, regagner nos chambres. En fait, les petits novices ordinaires, dont j'étais, allaient jouer quelque part. J'avais quatre ou cinq bons copains, pour la plupart du *khamtsen* de Kongbo, avec qui je partageais la *tsampa* supplémentaire que je recevais de la maison ou du *labrang*, qui était riche à côté du *khamtsen*. Nous nous installions dans la cuisine pour jouer aux osselets jusqu'à ce qu'un moine plus âgé nous envoie au lit.

Il apparaissait clairement que je ne serais pas un *pe-cha-wa*, autrement dit un lettré, un érudit. Je l'aurais souhaité, mais je n'avais pas le choix, car si l'on prend des novices dans les *labrang*, c'est pour qu'il s'y rendent utiles. Pour qu'ils reçoivent une éducation religieuse, il fallait que leurs parents, ou eux-mêmes, fassent en effort considérable pour trouver un maître et pour le payer.

C'était une des raisons qui mécontentait mon père lors de mon départ pour le *labrang*. Il aurait volontiers payé pour mon instruction, mais le lama était officiellement mon maître et il n'était pas concevable d'en chercher un autre. Il m'aurait très certainement instruit plus tard si les choses avaient tourné différemment.

En fait, bon nombre de moines passent leur vie sans recevoir aucune éducation. Certains ne souhaitent tout simplement pas apprendre quand ils sont jeunes, mais certains autres n'ont ni l'argent nécessaire, ni les relations pour prendre un maître. De surcroît, la plupart des professeurs n'acceptent qu'un nombre restreint d'élèves. Néanmoins, si quelqu'un est déterminé à étudier, il trouvera un moyen ; soit en se proposant comme servant, soit en empruntant de l'argent. Il arrive quelquefois que des moines n'ayant pas cette volonté, et ayant passé leur jeunesse totalement illettrés, commencent à étudier plus tard, même à quarante ans, quand ils ont un peu d'argent de côté. D'autres se retirent du monde et entrent en méditation, choisissant une vie d'anachorète.

Quelques novices vivaient à l'extérieur du monastère. Ils sont le plus souvent issus de familles très pauvres qui obtiennent la permission pour leurs enfants de travailler aux écuries ou aux cuisines en échange de leur nourriture. Un bon nombre d'entre eux disparaissent tout simplement en grandissant dès qu'ils trouvent un travail laïc ; les autres, après cinq ans, ont la possibilité d'entrer dans les ordres. Ils deviennent alors simples moines, mais demeurent une catégorie à part ; ils n'apprennent jamais les prières, ni les comportements religieux – comment marcher ou porter la robe. Ils sont venus là pour assurer leur survie et le nom qu'on leur donne, *tolenpa*, n'implique pas autre chose. Bien que je ne recevais aucune véritable éducation, on commença à me confier de petites tâches pour le *labrang*, et je découvrais un peu le monde, à l'extérieur du monastère. Je nettoyais la chambre de Lama Sharpa, je tenais la bassine quand il se lavait, pendant que ses serviteurs préparaient ses vêtements. Quelquefois, je portais les messages dans le *labrang*. Un jour, on me confia même la clef de la réserve pour aller chercher du beurre. C'était une pièce assez sombre. En ouvrant la porte, je me suis trouvé nez à nez avec deux petits garçons qui jouaient assis par terre. Ils étaient vêtus de shorts blancs et de chemisettes à manches courtes, les cheveux coupés à l'occidentale. J'étais terrifié, mes cheveux se dressèrent et je pris la fuite en oubliant le beurre. Je racontai ma mésaventure à Chandzo Dote, il n'eut pas l'air surpris et me dit que certains esprits se montraient sous différentes formes. Une autre fois, devant la chapelle du *labrang*, je vis passer une jeune fille richement vêtue. Quand je racontai l'histoire à mes copains, il se moquèrent de moi, mais le *chandzo* dit que ce devait être Kongtsun Demo, notre déité protectrice. Celle-ci était belle et charmante, mais d'autres déités avaient l'air redoutable et féroce. Il y avait une image de l'une d'elles qui avait une tête de corbeau, on la conservait soigneusement couverte et on ne la montrait qu'une fois par an.

Lama Sharpa était issu d'une des plus grandes familles de Lhassa, les Shatra. Il rendait assez souvent visite à ses amis nobles et surtout aux Shasur, une branche de sa propre famille. Il m'amenait avec lui, c'était la coutume que les grands lamas soient accompagnés de leurs suivants préférés. On les appelait d'un très joli nom, *chense*, qui signifie « lumière de l'œil ». En grandissant, je serais certainement devenu un parfait servant mais, à cette époque, ma fonction tenait à la fois de l'animal de compagnie et du bouffon. On m'a d'ailleurs confirmé que j'étais assez comique et que dans les grandes maisons, je chantais et dansais pour amuser la galerie. Le chef de lignage, Shasur Teji, était un haut fonctionnaire et un grand lettré, il a toujours été très bon à mon égard, en ce temps-là et plus tard.

Mes copains se moquaient de mes sorties mondaines. C'est en rendant visite à l'abbé de l'école de médecine, situé sur la colline de Chakpori derrière le Potala, que je vis un singe pour la première fois. Il était d'assez grande taille, juché sur une plate-forme surélevée au beau milieu du jardin des abbés, un endroit fort agréable du reste, où les pêchers s'épanouissaient le long des rochers ensoleillés. Ce singe était l'animal de compagnie de l'abbé. Une bonne âme me conseilla de lui confier mon châle afin qu'il le débarrasse des poux et des lentes. Cela me semblait inutile, mais pour plaisanter, je lui tendis l'étoffe. Au début, la bestiole fit mine de pincer des poux, puis me jetant un regard furtif, s'appliqua à le mettre proprement en pièces. De colère, je ramassai un bâton et me lançai à sa poursuite, bien décidé à le frapper. Il était aussi furieux que moi et largement aussi grand, il me sauta dessus et me planta rageusement ses dents dans le gras du mollet. Je hurlai, terrorisé, quand les serviteurs vinrent me libérer. Je ne me suis plus jamais approché de ce singe et j'ai conservé l'empreinte de ses dents aussi longtemps que ma jambe droite.

La maison où je prenais le plus de plaisir à aller en visite était chez Lhalu. Notre hôtesse, Lhalu Lacham, était une dame de très haute noblesse ; elle était issue de la lignée des Lhagyari, l'une des plus anciennes du Tibet. Elle avait épousé un fils Lhalu, une riche famille dans laquelle deux dalaï-lamas avaient pris naissance, mais était veuve depuis quelque temps déjà. Sa maison située à l'extérieur de la ville, était construite dans un très beau parc de saules et de peupliers, tout près d'un lac marécageux où s'ébattaient des centaines d'oiseaux aquatiques. L'un des bâtiments, celui où demeurèrent les deux dalaï-lamas et que visita quelquefois le quatorzième, l'actuel, était maintenant un oratoire somptueusement décoré de *thangka* et de vaisselle rituelle en or et en argent. Plus bas, à travers les passages souterrains, coulait une source si pure et si claire qu'elle donnait la meilleure bière d'orge de Lhassa. Un petit lac bordé d'arbres abritait une toute petite île en son centre. Un gracieux pavillon y avait été construit et c'est là que Lhalu Lacham nous recevait et nous comblait de tant de mets délicieux.

Lhalu Lacham était grande et robuste. Elle portait toujours la tenue traditionnelle des femmes de son rang, sans omettre la lourde coiffe de perles et de corail. Elle appréciait hautement Lama Sharpa et je devais l'amuser, car elle se prit d'une réelle affection à mon égard et bourrait toujours la poche de ma robe de bonbons et de bonnes choses. Si elle racontait souvent des blagues et entretenait une conversation amusante, elle restait immanquablement une très grande dame, et les nobles de Lhassa, hommes et femmes confondus, lui vouaient tous une admiration déférente. Même ses domestiques avaient fière allure, ils étaient tous correctement vêtus et lui témoignaient un grand attachement. De son côté, elle s'intéressait à leur famille et les traitait avec une grande bonté. Elle faisait grand cas de moi, au point d'envoyer un cavalier me chercher si Lama Sharpa ne pouvait venir lui rendre visite. Nous déjeunions ensemble, souvent en présence de sa propre petite fille et d'autres enfants. J'étais encore tout petit; je me souviens qu'il me fallait pas mal de coussins pour atteindre la table. Après le repas, les enfants s'éparpillaient pour jouer dans le parc ; une petite bicyclette était le centre de nos jeux.

L'intérêt que Lhalu Lacham témoignait à un petit villageois de mon espèce était si sincère qu'elle pria mon père de venir la voir. Elle le reçut avec sa gentillesse naturelle et le renvoya chargé de cadeaux. C'était une maison merveilleuse, et si ailleurs j'étais bien reçu, nulle part je ne me suis senti aussi heureux et comme à la maison.

Cette vie de chouchou ne dura pas bien longtemps. Je devais avoir neuf ans quand mon lama mourut. Il était malade depuis quelque temps et s'était rendu chez les Shasur pour se faire soigner. Mais son état ne s'améliora pas. Son corps était gros d'hydropisie. Peu de temps avant sa mort, il réclama la présence d'un vieux et vénérable lama. Ils parlèrent et méditèrent de longues heures, et mon lama apaisé semblait prêt à mourir. Je l'avais accompagné chez Shasur et sa mort m'accabla de tristesse, bien qu'on nous apprenne que la mort est un événement banal, que c'est une simple étape dans le cycle des naissances et des morts auquel nous sommes soumis. La peine devrait être encore moins forte quand il s'agit d'un *tulkou*, car il a choisi de revenir dans le monde pour aider les êtres sur le chemin de la libération, et a certainement décidé du moment de le quitter. Lama Sharpa reprendrait vraisemblablement naissance dans le corps d'un petit enfant afin de continuer sa tâche. Toujours est-il qu'il me manqua amèrement. Il s'était toujours montré bon et affectueux et m'avait traité comme un fils. Une longue procession de lamas, de moines et de nobles accompagna son corps jusqu'au petit ermitage au-dessus de Sera où je l'avais vu pour la première fois, et c'est là qu'eut lieu la crémation.

Garçon d'écurie

Chandzo Dote me ramena chez lui et me réconforta du mieux qu'il put. Je restai près de lui un moment, mais il ne me fallut pas longtemps pour comprendre que j'avais perdu ma situation privilégiée et que j'étais désormais un novice très ordinaire. Je déménageai donc rapidement vers la cuisine et les écuries. Il n'y avait pas d'autre endroit où dormir dans le *labrang*, les moines étant logés dans les *khamtsen*.

Quelque temps après la mort de Lama Sharpa, Shasur Teji détacha au *labrang*, qui manquait à présent de personnel, quatre jeunes garçons de ses domaines. Ils étaient âgés de seize à dix-huit ans, et avaient été à l'école à Lhassa. Ceux-ci n'avaient aucunement l'intention de devenir moines, mais faisaient ce qu'on leur disait. Eux non plus ne recevaient aucune éducation religieuse, ils servaient d'aide au *labrang* et dans ses propriétés. La règle voulait que les nouveaux moines témoignent de la considération aux plus anciens, mais profitant de ce qu'ils étaient mes aînés, ils s'amusaient à m'impressionner et m'obligeaient à faire les travaux les plus durs. Quelquefois, gagné par la colère, je tentai de leur rappeler qu'ils me devaient le respect. C'était toujours peine perdue, ils se contentaient de rire. Je voulus me plaindre à Shasur Teji, mais le *chandzo*, bien qu'il ne fit rien pour m'aider, m'en dissuada vigoureusement.

A présent, je devais donc faire face à un travail pénible. Moi qui, du vivant du lama, avait si souvent monté les chevaux du *labrang*, il me fallait maintenant les panser et nettoyer les écuries. Je m'habituai vite à ce travail et comme j'aimais les chevaux, j'en pris finalement mon parti. Il y avait un très grand cheval rouan de la région du Kokonor que j'affectionnais particulièrement, et je le montais pour mener boire les chevaux. Je n'arrivais pas à monter seul, mais, une fois là-haut, je me débrouillais très bien et prenais plaisir à galoper à cru et à rassembler le troupeau en criant. Comme l'animal était superbe et aussi grand que j'étais petit, on m'affubla très vite de ce surnom : « Le petit singe à cheval du *labrang* de Sharpa ». Ce sobriquet provient d'une image populaire qui représente quatre animaux se promenant, le singe sur le dos de l'éléphant, le lièvre sur les épaules du singe et le perroquet sur le lièvre.

Le cheval favori de Lama Sharpa était une belle bête vigoureuse à la robe lustrée. A la mort de son maître, il refusa de s'alimenter et donnait l'impression de vouloir mourir aussi. On l'envoya au pré dans la vallée de Phenpo en supposant qu'il y finirait ses jours. Là-bas, les femmes et les enfants tentèrent de le monter ou de lui faire porter du bois, mais la pauvre bête supportait à peine son propre poids. Ce qui est étrange, c'est que dès que la nouvelle incarnation du lama fut découverte, le cheval recouvrit la santé, sa vigueur et sa belle robe lustrée. On le ramena alors au *labrang* et le petit garçon en lequel mon lama était revenu dans le monde, le monta plusieurs années. C'est dans une noble famille Khampa, dont le chef avait la charge des moines auprès du gouvernement tibétain, que le lama reprit naissance. Ce petit garçon m'appréciait particulièrement, comme s'il se souvenait de moi.

Lama Sharpa était mort depuis peu quand Sera fut soumis à l'agitation politique. Un sérieux différend opposait le gouvernement au lama de Reting, qui fut le régent du Tibet dès la mort du Treizième Dalaï-Lama et jusqu'en 1941.

Le régent s'était rendu impopulaire dans les grands monastères et avait dû se retirer. Il s'attendait à être rappelé aux affaires au bout de quelques années, mais comme ce n'était pas le cas, un complot s'organisa pour tenter de le ramener par la force. Le lama de Reting entretenait des relations privilégiées avec le collège de Che du monastère de Sera, dont la majorité des moines venaient des provinces de l'Est. Par leur intermédiaire, il comptait chercher assistance auprès des Chinois. Je ne connais pas les faits exacts ; j'étais jeune à l'époque et je serais tenté de croire que la plupart des rumeurs qui circulaient à Sera étaient fausses. Toujours est-il qu'un certain soir, il régnait dans le collège de Che une sérieuse agitation. Les moines célébrèrent un office particulier et, le lendemain, habillés en laïcs et armés jusqu'aux dents, ils quittèrent leur collège pour s'éparpiller dans les collines et les vallons alentour. Dans la même journée, nous apprenions que l'ancien régent avait été arrêté à Reting, monastère situé à trois jours de marche de Lhassa, et qu'on le ramenait dans la capitale sous l'accusation de complot contre le gouvernement. A ce moment-là, l'histoire du colis piégé commençait de se répandre dans le pays.

Un paquet soigneusement scellé avait été remis au secrétaire du régent en poste avec un message qui précisait qu'il fallait lui remettre en mains propres. Le paquet explosa au moment où un domestique l'ouvrit. Celui-ci fut grièvement blessé. Ce n'est qu'à l'issue d'une minutieuse enquête que les conspirateurs furent découverts ; il s'agissait du cousin du lama de Reting, d'un jeune et brillant lama de Che, du très populaire lama de Kharto, un petit monastère proche de Sera, assistés par quelques autres moines de Che. Le jeune lama de Che, qui était originaire de l'Est du Tibet, était connu pour son habileté et fut accusé d'avoir fabriqué la bombe. Ce n'est qu'après leur arrestation qu'un ministre du Kashag et ses troupes se rendirent à Reting pour ramener l'ancien régent. A cette époque, on raconta même que le ministre, de peur que le régent ne tente de s'enfuir, lui interdit de monter son rapide coursier et le ramena en ville sur une mule. Quand les moines de Che apprirent les arrestations, ils décidèrent de libérer le lama de Reting. Ils adoptèrent un comportement assez bizarre et allèrent jusqu'à exécuter leur abbé quand il essaya de s'interposer. Et, ce matin-là, où nous les avons vus monter dans les collines, ils se préparaient à intercepter le convoi qui conduisait le prisonnier à Lhassa. Les moines ont ouvert le feu dès qu'ils ont aperçu la troupe, mais en dépit de l'effet de surprise et du nombre élevé de victimes parmi les soldats, ils n'ont pas réussi à libérer le lama. Cet événement marqua le début d'une période de troubles dans la capitale et aux alentours. Les moines se rendaient la nuit à Lhassa pour fomenter la rébellion et on entendit encore quelques fusillades.

Le collège de Me restait calme. Néanmoins, notre abbé prit la peine de nous réunir pour nous rappeler que tout ceci ne nous concernait pas et nous enjoindre de rester à l'abri dans notre *khamtsen*. Pendant ce temps-là, Che s'était vidé. Il ne restait que quelques vieux moines et les serviteurs. Chaque jour, les cuisiniers préparaient à manger et montaient leur repas aux moines dans les collines. Les conversations allaient bon train et il y avait beaucoup d'allées et venues. Entre-temps, le procès s'était ouvert à l'Assemblée nationale. Le lama de Reting niait toujours avoir participé au complot, mais tous les autres avouèrent. Les moines de Che n'ont pas regagné leur collège pour autant. Le gouvernement les menaça d'utiliser l'armée s'ils n'abandonnaient pas leurs positions.

Des canons de montagne furent acheminés à la caserne de Trapchi près de Sera et, un matin, dix jours après le début des troubles, les soldats ouvrirent le feu. Les obus ont commencé de pleuvoir sur le collège de Che, nous avons tous cherché un abri sûr, mais nous nous sommes très vite rendu compte que les tirs étaient précis et qu'aucun bâtiment de Me ne serait endommagé. Quand l'un d'entre nous voulait sortir, il lui suffisait d'agiter son châle bien au-dessus de sa tête et les soldats le laissaient passer. En revanche, le collège de Che fut quasiment détruit. Par chance, il était presque vide et il n'y eut pas de blessés à l'intérieur. Les collines, par contre, étaient jonchées de cadavres. Les moines avaient fabriqué un énorme canon qu'ils bourraient de débris de métal. Il crachait sa charge dans un fracas terrifiant. Après chaque coup, ils devaient le ramener à couvert pour le recharger, ce qui faisait perdre un temps précieux, mais les moines en étaient contents et ils se vantèrent d'avoir tué pas mal de soldats avec leur engin. De leur côté, les pertes étaient lourdes aussi et les soldats durent finalement abandonner leurs positions. Bon nombre d'entre eux réussirent à s'enfuir à travers le pays, quelques-uns allèrent même jusqu'en Chine.

La bataille terminée, avec quelques copains, nous sommes montés dans les collines. Le spectacle de tous ces corps étendus pêle-mêle nous faisait froid dans le dos. Quelques soldats et des pauvres de Lhassa étaient déjà passés et les avaient consciencieusement dépouillés de tout ce qui avait un peu de valeur, avant de les balancer au fond des fossés. Ils avaient dû récupérer bon nombre de sabres, d'épées, de fusils et de gilets de brocart entre autres choses. Pour ma part, je m'emparai d'une bonne couverture qui était restée sur un rocher. Malheureusement, en se déroulant, elle délivra une jambe d'homme bien emballée et j'abandonnai là ma belle couverture toute barbouillée de sang. Enfin, nous avons quand même réussi à glaner une bonne quantité de vieilles cartouches qu'on a revendu aux ferrailleurs de Lhassa. Comme il ne restait que peu de moines à Che pour s'occuper des morts, les corps furent rapidement enterrés dans la plaine sablonneuse près de la caserne au lieu d'être proprement découpés et donnés en pâture aux chiens et aux vautours. C'est en raison de cette négligence que leurs esprits se sont transformés en démons sans repos dont les hurlements stridents ont longtemps résonné dans les collines la nuit.

Le lama de Reting mourut en prison peu de temps après. Certains racontent qu'il s'est laissé mourir, rongé par le remords, d'autres prétendent qu'il a été assassiné dans sa cellule. Son cousin et le lama de Kharto ont été condamnés à la réclusion à perpétuité. Une prison spéciale a été construite à leur intention dans les quartiers de la garde personnelle du Dalaï-Lama. Les prisonniers ont d'abord été flagellés en public. Ce spectacle plongea la population dans une grande tristesse. Le lama de Kharto, un joug de bois sur les épaules, était entouré de femmes qui pleuraient et se lamentaient. Les quelques moines de Che qui s'étaient faits prendre furent envoyés comme domestiques dans les grandes maisons de Lhassa. Les nobles étaient responsables de leur rédemption et de leur sécurité. Les prisonniers portaient de légères chaînes autour des chevilles, mais, dans l'ensemble, ils étaient correctement traités par leurs tuteurs.

Cette agitation passée, ma situation de garçon d'écurie me pesait de plus en plus, tandis qu'un sentiment d'insatisfaction s'installait dans mon esprit. Je ne voudrais pas donner l'impression que j'étais malheureux, mais après avoir été choyé et dorloté, je souffrais de mon anonymat. Cependant, tout n'allait pas si mal, je m'entendais plutôt bien avec mes compagnons, et c'est à ce moment-là que je fis la connaissance de Tashi Tsering, un moine plus âgé qui habitait une chambre seul au *khamtsen* de Kongbo.

Tashi Tsering était intelligent et instruit, mais très pauvre. Deux fois par semaine, il se rendait chez son maître et, en échange des enseignements, il s'occupait de sa maison. Quand il restait au collège, il se levait très tôt pour pouvoir lire deux heures avant de descendre coudre des vêtements pour les moines. C'était un bon tailleur et il gagnait ainsi l'argent nécessaire à son instruction. Je m'installai chez lui, ce qui, par rapport à la cuisine du *labrang*, représentait une nette amélioration de mon habitat. Certains moines se rendaient à Lhassa chaque jour. A moins d'avoir pas mal d'argent à dépenser, cela n'a pas grand intérêt, aussi, Tashi Tsering et moi restions au monastère, nous contentant de petites promenades dans les bois de saules environnants. Il me conseillait sans cesse de chercher un maître, et mon oncle, quand j'allais le voir, ne manquait pas de faire la même chose. Tout ce qui m'intéressait alors, c'était de rejoindre une catégorie spéciale de moines qu'on appelait les *dob-dob* et dont je vous parlerai plus tard. J'étais encore trop jeune et me plaisais à rêver à leur robe élégante, aux sports qu'ils pratiquent et à leur allure fougueuse. Pour le moment, je n'avais qu'à me montrer patient.

J'allais régulièrement voir Chandzo Dote pour lui demander de me trouver un autre travail ou de me laisser retourner chez moi pour aider ma famille. Il me répondait toujours gentiment en m'assurant qu'il verrait ce qu'il pouvait faire, mais rien ne changeait. Un matin, n'en pouvant plus, je pris le chemin de Tshapanang. J'étais assez grand cette fois pour me débrouiller seul et voyager sans éveiller de soupçons. Dans la plaine sablonneuse, juste à la sortie du monastère, je rencontrai un muletier qui cheminait dans la direction de mon village. Comme je lui demandai de faire route avec lui, il me permit de monter une mule tout le long du chemin.

Quand mes parents apprirent les raisons de ma venue, ma mère se mit très en colère, mon père fut plus compréhensif et, tout en me conseillant de retourner à Sera, il m'assura qu'il essaierait de faire quelque chose. Nous avions quand même décidé que je passerais quelques jours avec eux, mais, dès le lendemain, un moine vint me chercher. Le *chandzo*, en s'apercevant de mon absence, avait tout de suite deviné où j'étais allé. C'était un homme à l'allure revêche, il n'était pas venu jusqu'ici pour me faire de cadeau et m'ordonna de me mettre en route sans perdre un instant. Il cheminait à cheval et j'allais à pied. Nous avions à peine quitté la maison quand il m'obligea à ramasser une lourde pierre que je porterais sur mon dos en guise de punition. Mon père, qui avait observé la scène, nous rejoignit en trente secondes, animé par une colère dont je ne l'aurais pas cru capable. Il me semble même qu'il s'est laissé aller à bousculer le moine, ce qui, pour un fermier, est un acte impensable. Il criait plus qu'il ne parlait, disant qu'il n'avait pas envoyé son fils à Sera pour être malmené et que, dans ces conditions, il me raccompagnerait lui-même au monastère. Le moine tenta un instant de l'impressionner du regard, mais dut se résoudre à rentrer seul.

Après quelques semaines de bonheur familial, ma mère me raccompagna et alla expliquer à Chandzo Dote que si je devais demeurer garçon d'écurie, je ferais aussi bien d'aider ma famille. Le *chandzo* accepta ces remontrances avec beaucoup de patience et assura ma mère qu'il essaierait de m'emmener avec lui dans les domaines lors de son prochain voyage. Quelques jours plus tard, il m'annonça notre départ prochain pour le district de Dagpo, situé à cent cinquante kilomètres de Lhassa, où un membre de sa famille gérait un grand troupeau de yacks pour le monastère. Je brûlais d'impatience à l'idée de cette aventure. Dans le même temps, une autre bonne surprise arriva ; je fus choisi pour prendre part à la cérémonie de Serpang Tsomcho, la longue procession qui part du Jokhang, la cathédrale de Lhassa, et fait le tour du Potala à laquelle participent des moines de tous les monastères. Notre présentation devait être impeccable ; la veille, nous nous sommes rasé les cheveux, et le matin, levés à l'aube, nous avons soigneusement lavé nos visages et nos bras avant de nous mettre en route. Pour l'occasion, on sortait de nombreuses pièces du trésor du Jokhang. Les gardiens en remettaient une à chaque moine qui l'exhiberait pendant la procession. C'était magnifique, certains portaient des conques enjolivées d'or et d'argent ou d'antiques instruments de musique, d'autres, des jarres à eau en or et en argent, des statues, d'anciens *thangka* et plein d'autres joyaux. Je reçus une bannière de prière en soie qui flottait au bout d'un manche si fin qu'on le voyait à peine. Nous étions huit ou neuf avec de semblables bannières.

La procession était longue de plusieurs centaines de moines. Même l'éléphant du Dalaï-Lama était là, accompagné par un congénère en carton-pâte. De gigantesques effigies des gardiens des *Quatre Horizons* suivaient, perchés sur les épaules de moines robustes. Au lever du soleil, après quelques heures de mise en place, la procession entamait sa lente marche vers le Potala, alors qu'on déroulait jusqu'à terre un immense *thangka*, richement brodé, montrant le Bouddha et les maîtres spirituels. Il mesurait au moins vingt-six mètres.

Nous avancions très lentement et marquions de longues pauses quand un collège se présentait devant le Dalaï-Lama, qui suivait le spectacle de sa fenêtre. Le cabinet au grand complet était installé dans une tente au pied de l'édifice. Le *Aicha Salaam* s'éleva et l'éléphant, dressé à l'indienne, salua le Seigneur du Lotus blanc, puis les groupes de danseurs prirent le relais. Ce sont les moines râblés et costauds du monastère de Gongkar qui m'ont le plus impressionné, en exécutant une danse rapide, portant de lourds et volumineux tambours sur leur dos qu'ils battaient au moyen d'une longue baguette. Cette danse très particulière demande une longue pratique et exige une excellente condition physique. D'ailleurs ces danseurs sont les seuls de la cérémonie à qui l'on offrait du riz et du thé. Cette tradition remonte au Grand Cinquième, qui, un jour, s'aperçut qu'un des danseurs avait laissé tomber un sac de *tsampa* et réalisa alors que le poids des tambours et de la *tsampa* devait être tel que cette danse devenait une véritable épreuve. Il ordonna par la suite qu'un repas soit servi afin que les danseurs n'aient plus besoin de transporter leur nourriture. A la fin de cette danse frénétique, le cortège des lettrés qui suivait salua Sa Sainteté par de très lentes prosternations. Dans un mouvement coulé d'une infinie lenteur, ils élevèrent les mains jusqu'à leurs bonnets jaunes, déroulèrent leurs antiques pèlerines rouge et or, et, toujours au ralenti, descendirent sur leurs genoux et se prosternèrent, touchant le sol du front. Puis l'oracle de Nechung brisa cette atmosphère d'immobilité en surgissant en transe, d'un abri sous le Potala. Cette danse possédée avait lieu devant la tente où se tenait le cabinet et les ministres se succédaient pour remettre les *khata* et recevoir la bénédiction de l'oracle. Tout au long de la cérémonie, un amuseur déguisé en vacher indien, circulait à travers la foule, traînant sa vache et son pot à lait, mimant la traite par mille pitreries. C'était toujours un *dob-dob* qui tenait ce rôle. C'était une attribution très recherchée, car c'était la seule qui rapportait un peu d'argent ; l'amuseur était autorisé à parcourir la ville et à conserver les récompenses qu'il recevait pour ses tours. Le moine choisi se couvrait d'un masque, conservé le reste du temps à l'abri dans le Potala, et dont l'intérieur était enduit de sang séché. Pour avoir le droit de le porter, il fallait mener une vie pure et ne commettre aucun manquement pendant le mois qui précédait la cérémonie. Ce masque était sacré. Une fois, le moine choisi n'étant pas à la hauteur et n'ayant pas réussi à observer les règles, le masque avait tant rétréci que ce moine fut incapable de le mettre et fut discrédité.

Une fois achevées les présentations dans la cour d'honneur, la procession se remit en route pour faire le tour du *chorten* au pied du palais, puis du Potala, avant de reprendre le chemin du Jokhang. Les gardiens nous attendaient pour récupérer nos parures. Avant de les ranger, ils vérifiaient soigneusement que leurs trésors n'avaient subi aucun dommage. Il était tard quand nous reprîmes la route de nos monastères, épuisés et affamés par une si longue journée.

Deux ans dans les montagnes du Dagpo

L'automne était déjà bien entamé quand le responsable des troupeaux de Sharpa descendit des *drok*, pâturages en tibétain, apportant la production annuelle de beurre et de fromage pour le *labrang*. Chandzo Dote et moi devions remonter avec lui vers le Dagpo. J'aurais voulu partir tout de suite, je n'avais jamais dépassé Tshapanang et j'étais impatient de découvrir le monde. Le *drokpa*, quant à lui, tenait à prendre le temps d'honorer les lieux saints et de traiter quelques affaires à Lhassa. Quand tout fut enfin prêt, nous nous sommes mis en chemin pour un voyage qui devait nous prendre six à sept jours.

Nous allions à cheval, conduisant les yacks de bât qui, pour le retour, seraient chargés de farine et de grain. Nous avancions donc très lentement, car les yacks sont des animaux qu'on ne peut pas presser. Le temps était agréable pour voyager, sec et dégagé, ensoleillé sans trop de vent. J'en appréciais chaque instant, je ne m'étais jamais senti aussi libre.

Il nous fallut deux jours pour remonter la vallée de la rivière Kyi, puis nous nous sommes engagés dans une vallée adjacente, et, de là, nous avons commencé notre ascension. Nous passions les cols la journée et nous nous arrêtions la nuit dans de petits villages de montagne, qui m'ont paru plus pauvres que Tshapanang, mon unique point de comparaison. Puis nous sommes descendus à travers de hauts pâturages vers le campement d'hiver où les troupeaux de yacks commençaient à se rassembler. C'était Drilung Shika, un grand campement autour d'une maison domaniale appartenant au *labrang* de Sharpa, non loin du château du gouverneur de district, à Oka. Les troupeaux se tenaient sur les pentes herbeuses où les *drokpa* avaient planté leurs tentes noires. Les premiers temps, on m'installa avec le *chandzo* dans la maison domaniale. L'intendant, un cousin de Chandzo Dote, était un jeune laïc qui vivait avec sa femme et ses enfants. La maison, une bâtisse élevée, était solidement plantée au milieu d'un bosquet de vieux saules aux larges troncs noueux. Les plus belles pièces étaient réservées au Dalaï-Lama, qui s'y arrêtait lors de ses visites au lac sacré de Chokhorgye, situé à trois jours de marche, plus haut dans la vallée.

Le lac est perché assez haut dans la montagne au bout d'un chemin escarpé, on ne peut y accéder qu'à pied ou éventuellement en yack. Les lamas s'y rendent en espérant voir apparaître sur la surface de l'eau des visions d'avenir. Le Quatorzième Dalaï-Lama fut découvert après que le lama de Reting ait vu se dessiner sur les eaux immobiles, une maison aux clochetons dorés entourée de sapins. D'autres indices furent découverts plus tard, qui ont permis de localiser la maison où le Dalaï-Lama était né : elle était en tous points semblable à la vision que le lama de Reting avait eue à Chokhorgye. La nouvelle incarnation du Lama Sharpa a pu également être trouvée, après qu'un grand lama ait reconnu assez clairement sur la surface du lac, la maison des Rampa. A cette époque, j'ai souvent croisé des pèlerins qui montaient ou descendaient, mais, malheureusement, je n'ai jamais eu l'occasion de me rendre au bord du lac.

Tout près du camp, il y avait quelques sources d'eau chaude, recommandées pour le traitement des rhumatismes et affections du même ordre. L'une d'elles est réservée au Dalaï-Lama. Nous sommes allés y pique-niquer peu de temps après notre arrivée à Drilung Shika. C'était fort agréable de se baigner dans l'eau chaude.

J'habitais toujours la grande maison, mais je passais mes journées avec les *drokpa*, je voulais tout connaître de leur travail et de leur mode de vie. Pour que je puisse circuler, il avait fallu que leurs chiens apprennent à me connaître, sinon ils m'auraient mis en pièces. Ces chiens de bergers sont féroces et puissants. Certains sont grands et lourds avec une tête énorme, des poils très épais et deux taches fauves au-dessus des yeux. Les chiens de cette taille restent attachés et servent de chiens de garde. Les autres, qui leur ressemblent en tous points mais sont beaucoup plus petits, accompagnent les hommes. Ils sont plus agiles et peuvent parcourir de longues distances, ils chassent les loups et autres animaux dangereux. Ils sont tous munis d'un épais collier de solide tissu rouge qui protège leur gorge dans les combats.

A cette époque, je portais des vêtements laïcs, mais leur couleur rouge et mes cheveux courts révélaient ma condition de moine. Les *drokpa* sont des gens simples et accueillants, une famille m'adopta très vite, tout en me témoignant toujours la déférence due à un moine. Ils avaient deux garçons, plus jeunes que moi tous les deux, et une fille, je suppose que j'avais à peu près douze ans alors. En dépit de la différence d'âge, j'enviais la facilité avec laquelle ils montaient les yacks, arrangeaient les tentes, se faisaient obéir des chiens. De toute façon, j'apprenais vite.

Je passai le Nouvel An dans la maison domaniale. L'ambiance était simple et joyeuse, bien loin de la foule, du bruit et de l'agitation qui dominent les cérémonies à Sera et à Lhassa. Des moines du voisinage vinrent réciter les prières, puis les *drokpa* nous rejoignirent pour festoyer, danser et chanter. Un petit groupe s'est rendu au monastère voisin pour assister aux danses religieuses ; j'en avais assez vu à Lhassa et j'avais préféré rester. Quelques jours plus tard, nous sommes allés porter nos vœux et des cadeaux au gouverneur de district. Puis ce fut un échange de visites entre tous les domaines du voisinage. Personne n'habitait tout près, chaque sortie nous prenait au moins une demi-journée, quelquefois nous partions en yacks.

Dans le courant du second mois, soit autour de la fin mars, j'allais m'installer sous la tente avec les *drokpa*. J'adoptai leur tenue, un simple manteau très long en peau de mouton, qu'on porte la toison à l'intérieur, et une paire de bottes de feutre. C'était un vêtement confortable et je n'eus jamais froid. A ma grande surprise, les tentes, en poils de yacks tissés, étaient très chaudes et totalement imperméables. Tout autour, les hommes construisaient un muret de tourbe pour éviter les infiltrations et les courants d'air. L'intérieur était assez vaste pour six ou sept personnes, le plafond était très bas. Un épais tapis de feutre recouvrait le sol, un petit autel était installé au fond, et, au centre, bien sûr, trônait un gros poêle et son chaudron de cuivre. La fumée dégagée par la bouse de yack en brûlant rendait l'atmosphère un peu suffocante, mais on s'y habituait vite. La nuit, la température à l'intérieur des tentes s'abaissait considérablement, mais il y avait assez d'épaisses couvertures pour nous protéger du froid.

Aux premiers signes du printemps, les *drokpa* quittaient le camp d'hiver pour monter vers les pâturages d'altitude où l'herbe commençait à croître. Nous avons installé notre premier campement après Drilung Shika près du petit monastère de Samding. C'est un bel endroit au flanc d'une montagne sacrée, le monastère est entouré de buissons, de genévriers, l'atmosphère y est calme et apaisante. Les daims et les faisans s'approchent sans crainte jusque dans la cour. Nous formions un groupe de quatre tentes, les autres *drokpa* rassemblés à Drilung Shika étaient partis vers d'autres pâturages, et nous ne devions pas les retrouver avant la fin de l'automne.

Le travail des enfants consistait à prendre soin des petits yacks qui venaient de naître juste au-dessus de nos tentes. Les femelles yacks mettaient bas très facilement et leurs petits se tenaient tout de suite debout en trébuchant. Dès leur naissance, les vachers les portaient au camp, suivis par la mère qui grognait. Quelques jours plus tard, nous les séparions. Les enfants les amenaient paître dans un vallon hors de vue du reste du troupeau. Les premiers jours étaient les plus pénibles, les petits tentaient inlassablement de descendre vers les tentes. Nous n'avions pas un instant de répit car un yack, même bébé, est suffisamment gros et turbulent pour occuper un enfant. Pour ne pas passer tout notre temps à leur cavaler après, nous nous fabriquions de solides colliers qui permettaient d'attacher les yacks par groupe de deux ou trois. Ainsi, ils se rendaient eux-mêmes la vie impossible, car ils ne paraissaient jamais d'accord pour aller dans la même direction. Au fur et à mesure que les jeunes s'habituaient à la séparation et à leur lieu de pâture, notre tâche se simplifiait. Au bout de quelque temps, il nous suffisait de crier ou de leur lancer des petits cailloux avec nos frondes pour les empêcher de s'évader. Il incombait aussi aux enfants de leur percer les naseaux pour pouvoir passer un anneau et de leur trouver un nom. Ensuite, nous leur passions des colliers de brindilles tressées pour être tranquilles, comme ça, s'ils parvenaient à s'échapper et à retrouver leur mère, ils étaient incapables de téter.

Cette vie dans les collines me rendait parfaitement heureux. Nous construisions des campements et nous jouions à nous rendre visite, nous organisions des concours de lancer de pierres et inventions de nombreux jeux. Quelquefois, nous attrapions un bourdon et lui plantions une fleur jaune sur le dos, c'était plutôt drôle de le regarder butiner traînant sa décoration derrière lui. Nous n'avions aucun abri contre la pluie, le vent ou la neige, sauf quelques gros rochers, mais ça ne nous posait aucun problème et les jours de beau temps, c'était merveilleux de s'étendre au soleil pour regarder les jeunes yacks batifoler dans l'herbe. Je m'étais mis à jouer de la flûte et j'aimais écouter son doux écho résonner à travers les vallées. Seuls le chant des oiseaux, le gargouillis des ruisseaux et les meuglements de nos yacks venaient troubler le silence des montagnes. Par temps clair, on apercevait au loin les tentes noires du campement entourées d'une bande plus claire formée par les fromages qui séchaient au soleil. Cette image était à peine troublée par les épaisses volutes de fumées d'encens qui s'échappaient au coin des tentes. Nous emportions pour la journée de la *tsampa*, du fromage, quelques morceaux de viande séchée et une corne de yack remplie à ras bords de babeurre. Ces journées sans souci s'égrenaient tranquillement. Nous échangions nos histoires, je leur racontais Lhassa et Sera, ils me racontaient la vie sauvage et la montagne.

Vers le soir, les fumées d'encens qui montaient du camp s'épaississaient pour devenir crémeuses. Les yacks étaient souvent les premiers à le remarquer, ils savaient que c'était le signal du retour. Ils commençaient alors une série de cabrioles, ruant vers le camp, la queue dressée flottant dans le vent comme un drapeau, tout en grognant d'excitation. On se précipitait alors à leur suite, pour les ramener. En arrivant au camp, nous les mettions en rang et les attachions deux par deux. Ils se résignaient à attendre la suite en tirant sur leurs liens et en meuglant. Dans le même temps, nous apercevions l'autre partie du troupeau qui descendait joyeusement au milieu d'un gros nuage de poussière. Dès qu'ils rejoignaient le camp, les femmes les parquaient et la traite pouvait commencer. Alléchés par l'odeur du lait tiède, les jeunes s'excitaient de plus en plus. Enfin, la dernière vache lâchée, nous pouvions les laisser rejoindre leur mère. Ils les retrouvaient tout de suite et sans perdre un instant, les tétaient goulûment, pendant que celles-ci les reniflaient à grand bruit. Il fallait de nouveau les séparer et les parquer pour la nuit où nous les laissions sous la garde des chiens.

Après une telle journée, nous avions bien faim pour le dîner. Il y avait abondance de bonnes choses ; beaucoup de lait et de beurre, un épais gruau de *tsampa* et de fromage, et parfois même un délicieux mélange de farine d'orge et de sang frais prélevé sur l'un des animaux qu'on étalait sur des baguettes. La veillée à la lueur des lampes à huile n'était pas très longue, les femmes cousaient ou travaillaient la laine, les hommes confectionnaient des semelles de chaussures ou des licous, et les enfants fabriquaient les liens avec des brindilles. Mais assez rapidement, on déroulait nos couvertures pour se coucher et dormir.

Les femmes se levaient de bonne heure le matin. Tout d'abord, elles allumaient de l'encens devant les tentes, puis elles allaient de nouveau traire les yacks. Le lait était récolté dans une jarre de bois dont le rebord était entouré d'une branche de saule pour éviter les projections. Des gouttes de crème se collaient sur le bord et, en grattant la branche, on récupérait un fromage doux et crémeux.

Ensuite, le lait était versé dans de vastes cuves alignées dans un fossé dont les bordures étaient renforcées par des planches de bois. Les femmes, installées de chaque côté des cuves, sur les planches, battaient lentement le beurre avec de longues pales de bois, en chantant des chansons de baratte. Dans un camp plus grand, il y aurait eu deux rangées de cuves dans un grand fossé et probablement quatre hommes et quatre femmes de chaque côté à baratter en chantant. C'était assez beau à regarder.

Quand le beurre était pris, la maîtresse du camp lavait son bras jusqu'au coude et le plongeait dans la cuve, collectant le beurre avec des gestes amples. Le beurre était ensuite mis à tremper dans l'eau, et le babeurre versé dans un grand chaudron de cuivre qu'on posait sur le feu. On y ajoutait alors le petit lait et laissait mijoter jusqu'à formation du fromage. Ce fromage était doux, on en faisait une grande quantité. Les moines et les villageois venaient de loin en chercher et nous apportaient en échange des légumes, de l'huile ou de l'orge. Néanmoins, il en restait suffisamment pour le *labrang* et même un peu à vendre au marché de Lhassa.

Nous sommes restés environ un mois près du monastère de Samding, puis nous avons repris notre ascension. A chaque site où nous nous arrêtions, des murets de tourbe délimitaient le campement. Les *drokpa* plantaient leur tente au milieu, quelquefois il leur fallait réparer le mur, mais jamais ils n'auraient planté leur tente ailleurs. Je suppose que ces endroits avaient depuis très longtemps été choisis avec un soin particulier pour leur confort, la proximité de l'eau et du combustible. Les pentes de ce côté du Dagpo étaient recouvertes de buissons de genévriers et de broussailles qui abritaient de nombreux animaux sauvages : des lièvres, des renards, des daims, et les ennemis jurés des *drokpa*, les loups et les léopards. On rencontrait aussi des hordes de chiens sauvages féroces et dangereux ; ils entraînaient leur victime vers un ruisseau puis la mettaient en pièces. Nous les entendions sans cesse aboyer dans les montagnes, se répondant entre eux ; c'était une des raisons qui faisaient que je n'aimais pas m'éloigner du camp la nuit. Je m'étais fabriqué un sifflet de craie dont je me servais pour leur faire peur, quelquefois je criais très fort pour faire fuir d'éventuels loups.

Il y avait également des ours dans ces collines. Nous les appelions « ours-chiens », ou encore

« ours-hommes », je crois que ce sont ceux que les étrangers appellent « hommes des neiges ». L'un d'entre eux fut tué pendant mon séjour et j'eus la chance de pouvoir l'observer attentivement. Sa fourrure tirait sur le roux et ses énormes pieds carrés se terminaient par de longues griffes acérées. Sa face m'intéressa particulièrement, elle était beaucoup plus plate que celle des ours qu'on trouve plus bas, un peu comme celle d'un singe ou même d'un homme. Celui-ci était un mâle adulte et son corps ressemblait bien plus à celui d'un ours qu'à un homme.

Toutes sortes de légendes circulent à propos de ces ours. Certains racontent qu'ils peuvent chevaucher un yack ou un cheval. Tout le monde sait que si l'un d'eux vous poursuit, il faut fuir vers le bas, ainsi ses longs poils lui tombent dans les yeux et l'empêchent de voir où il va. Ils savent siffler comme un homme, ça je le sais, car je les ai moi-même entendus. Une autre histoire dit qu'une femelle aurait enlevé un marchand et l'aurait gardé près d'elle durant plusieurs années. La fourrure de ces « ours-hommes » est très recherchée, les moines riches l'utilisent comme couverture. Ils sont toutefois très différents des grands primates comme les chimpanzés ou les gorilles que j'ai pu voir par la suite dans des zoos. Ceux-ci, nous les appelons « *mi-go* », qui se traduirait par « homme sauvage ».

Dans le courant du huitième mois de l'année, nous avions atteint les pâturages les plus élevés, ils formaient une minuscule vallée cachée par de hautes montagnes juste au-dessous des glaciers et des neiges éternelles. Il n'y avait plus ni arbustes ni broussailles à ces hauteurs, seulement des rochers, et quelques fleurs sauvages qui poussaient sur la tourbe. On trouvait aussi une plante très odorante, c'était peut-être du thym. Les nuits devenaient plus froides et un vent fort se levait tous les après-midi, l'été touchait à sa fin. Les petits yacks avaient grandi, ils étaient sevrés depuis longtemps, mais recevaient encore une bonne ration de babeurre le soir. J'étais devenu un bon gardien de troupeau, les enfants m'ayant appris toutes les règles.

Nous avons donc commencé à redescendre tranquillement vers Drilung Shika. Je ne suis pas retourné dans la maison, j'étais tellement habitué à la tente, que je préférai rester avec les *drokpa*. En arrivant au campement, il a fallu castrer les jeunes mâles, sauf ceux qui seraient tués pour la viande. Il n'y a qu'un seul étalon par troupeau et avant qu'il ne devienne vieux, on ne laisse pas d'autre yack entier grandir. C'est une règle élémentaire, sinon on assisterait à de terribles combats, un yack étalon est un animal énorme, puissant et agressif, dont personne n'ose s'approcher. Cependant les *drokpa* ont coutume de l'inviter au camp pour le Nouvel An. Le chef du camp part à sa recherche emportant avec lui du sel et des cendres. Dès qu'il trouve le yack, ce qui peut prendre une semaine ou plus, il lui offre le sel et les cendres, qui sont des friandises pour ces animaux. Ensuite, il les utilise comme appât et incite le yack à le suivre. Au camp, on a disposé dans un enclos un seau de bière d'orge au milieu, et, dans chaque coin, une écuelle de sel, de cendre, de grain et de farine. On l'invite à boire et à manger, pendant ce temps-là, le chef essaye de lui enduire le front de beurre. Tout le monde fait bien attention de ne pas l'agacer, on maintient le reste du troupeau à l'écart. Quelquefois, l'étalon, après avoir bu, traîne dans le camp quelques heures, même quelques jours, avant de remonter dans la montagne seul. Il passera l'hiver sans plus voir personne jusqu'à l'époque des saillies où il viendra retrouver le troupeau dans un de ses pâturages.

Pour les *drokpa*, la visite du yack étalon est l'événement qui marque le début de l'année. C'est après sa visite que les moines sont invités au camp pour dire des prières et, ensuite, les *drokpa* peuvent se joindre aux festivités qui ont commencé dans la maison domaniale. Puis ils se lancent dans la ronde des visites aux camps. Ceux-ci sont assez éloignés et chaque campement désigne ceux qui resteront pour accueillir d'éventuels amis. Le représentant du camp marche en tête du cortège monté sur un yack dont la robe doit être parfaitement noire et les cornes bien blanches. A cette période, les chiens du camp sont tous attachés pour permettre aux visiteurs de circuler librement.

J'ai passé encore un an avec les *drokpa*, qui s'écoula de la même manière, à la seule différence que j'étais désormais plus fort et plus habile. A notre première halte, près de Samding, nous avons reçu la visite de Lopa, une tribu qui vivait dans les forêts du sud du pays, de l'autre côté de la rivière. Ils étaient petits de taille sur des jambes fortes et des grands pieds, ils ne portaient rien d'autre qu'un cache-sexe en bambou tressé et quelquefois un long manteau de pluie en épaisse toile de jute. Ils n'utilisaient ni le coton, ni la laine, mais ils étaient très habiles pour tresser les bambous et confectionner les nattes et les paniers. Ils ne parlaient pas le tibétain et nous conversions au moyen d'un interprète. Tout dans leur attitude me semblait sympathique. Ils venaient chercher du sel, du beurre et du fromage qu'ils échangeaient contre des écorces qui servaient de teinture rouge, du musc et des cornes de daims-velours utilisées en médecine, particulièrement par les Chinois. Nous revendions ces produits à Lhassa avec un bon bénéfice. Ces Lopa étaient de bons chasseurs, qui tiraient très facilement les pigeons à l'arc.

A la fin de l'été, un sérieux tremblement de terre secoua la région. Tout d'abord, les ustensiles de cuivre suspendus aux parois des tentes ont commencé à s'entrechoquer, puis la terre s'est mise à gronder et à trembler comme si le sol allait s'ouvrir. On entendit des explosions comme des coups de canons. Tout le monde était terrifié, les yacks s'affolaient et piétinaient, les chiens hurlaient à la mort. Les gens affirmaient que les dieux se battaient là-haut, et que c'était un mauvais présage. Des rumeurs de guerre avec la Chine s'étaient répandues dernièrement, et on se demandait si c'était le début des combats. En fait, les communistes chinois ont attaqué l'est du Tibet quelque temps après, ce qui permet d'indiquer l'année, 1950. Quand nous sommes retournés à Drilung Shika, nous nous sommes aperçus que les étages supérieurs de la grande maison s'étaient effondrés, ainsi que les antiques tours du fort d'Oka. Personne n'a péri à Drilung Shika, un cuisinier a été enseveli en tentant de fuir, il a pu être déterré par la suite. Il était sérieusement blessé. Un campement voisin n'a pas eu la chance de Drilung. Il était installé sous un glacier qui a glissé sous le choc, anéantissant le campement, les *drokpa* et les animaux ont presque tous trouvé la mort. Le troupeau appartenait aussi à Sera et, dès que la nouvelle leur arriva, les moines envoyèrent des secours et des vivres. L'année suivante, de nouveaux *drokpa* et des yacks arrivèrent pour reconstituer le troupeau.

Les fêtes de Nouvel An à Lhassa

En arrivant au campement d'hiver, j'appris que le *labrang* avait envoyé quelqu'un pour me dire de rentrer. J'étais heureux de cette vie libre de montagnard et je n'avais aucune envie de retourner à Sera, mais il me fallait obéir. Ainsi, lorsque le chef se rendit au monastère pour y apporter la part de beurre et de fromage qui revenait au *labrang*, je me mis en route avec lui. J'étais moi-même assez chargé, les *drokpa* m'avaient chaque jour donné un peu de beurre en échange de mon travail. J'en rapportais une bonne partie ainsi que pas mal de fromage, cela me serait utile à Lhassa.

Nous sommes arrivés en ville environ un mois avant le début des festivités du Nouvel An. Les gens étaient tendus et inquiets. Les Chinois avaient battu nos troupes à l'est et leur commandant, le gouverneur Ngapo, avait été fait prisonnier. Le Dalaï-Lama avait quitté Lhassa pour la vallée de Chumbi, à proximité de la frontière indienne et attendait là-bas la suite des événements. La ville était en proie aux rumeurs les plus alarmantes. Un groupe de moines racontait que nos soldats s'étaient mal battus et que Ngapo voulait livrer le Tibet. Au fond, nous ne savions rien et nous nous demandions si les Chinois marchaient sur Lhassa.

Avant de réintégrer le *labrang*, je fus autorisé à rendre visite à mes parents. Ce fut une grande joie de les retrouver et je passai une semaine à la maison. A Tshapanang, les gens étaient bien moins excités qu'à Lhassa et ma mère fut ravie du beurre et du fromage que je lui rapportai.

De retour à Sera, je m'installai une fois de plus dans la cuisine du *labrang*. Mon séjour chez les *drokpa* m'avait endurci et donné le goût de l'indépendance. De plus, comme j'avais pas mal grandi, mes compagnons ne comptaient plus sur moi pour faire tout le travail. C'était donc plus facile et je m'entendais bien avec les autres novices qui étaient curieux d'entendre mes histoires sur la vie dans les montagnes. Je me rendis à Lhassa, pour voir notamment Shasur Teji, qui me conseilla de rendre visite à Lhalu Lacham. Mais je n'étais plus un petit garçon, et je n'ai pas osé aller seul chez une femme de son rang. Assez rapidement, je me liais d'amitié avec Sonam, un moine de mon âge du *khamtsen* de Kongbo qui avait sa chambre dans un autre collège de Sera où étaient ses deux frères. Cette fois, nous sommes allés ensemble à Lhassa assister à la Grande Prière du Nouvel An. C'était la troisième fois que j'y allais, Chandzo Dote m'y avait amené quand j'étais petit. Sonam et moi, nous nous sommes arrêtés au temple de Darpoling où de nombreux moines de Sera passaient la nuit. Pour dormir, nous étions installés dans la sombre chapelle des déités protectrices. C'était un lieu effrayant où les esprits qui prenaient possession des serviteurs de l'oracle avaient élu domicile ; il y avait également deux grands sacs de cuir dont on disait qu'ils contenaient le souffle des morts. Dans un coin obscur, une statue représentait l'une de ces déités portant les vêtements de l'oracle et des chaînes aux chevilles. Certains racontaient que cet esprit avait l'habitude de se promener la nuit et de sortir de la chapelle, ils disaient même entendre les chaînes s'entrechoquer. Certains sont allés jusqu'à étaler de la graisse sur les pieds de la statue et, comme il fallait s'y attendre, le lendemain matin, la graisse était couverte de poussière.

Nous n'aurions pas osé passer la nuit là si nous n'avions pas été aussi nombreux. Nous faisions très attention de rester calmes et de nous comporter selon les règles. Quoi qu'il en soit, je n'appréciais guère cet endroit. Il n'empêche que ce sanctuaire n'était pas aussi effrayant que le temple d'un autre oracle, le Karmashar, qui est l'oracle particulier de Sera. De nombreux moines de Sera s'y installaient pour le Nouvel An, mais ils n'auraient jamais osé dormir dans la chapelle latérale. Il y avait là un masque fameux qui représentait Ngawang Namgye, un ancien servant de l'oracle qui avait le pouvoir de quitter son corps la nuit et d'aller vagabonder comme esprit. A sa mort, on fabriqua un masque qui le représentait et assez souvent on l'entendait déambuler la nuit dans la chapelle. Au matin, on retrouvait le masque couvert de tabac à priser et sentant fort le *chang*, deux choses dont Ngawang Namgye était très friand.

De toute façon, nous passions peu de temps dans la chapelle de Darpoling. Lhassa était bien trop animée et grouillante de monde pour la Grande Prière. Nous terminions l'année par des danses dont le but était de chasser le mal et les mauvaises actions accumulées au cours de l'année. Les plus belles de ces danses étaient présentées au Dalaï-Lama dans la cour occidentale du Potala. Il regardait ce spectacle de sa chambre en haut de l'édifice. Les fenêtres du Seigneur du Lotus blanc étaient surplombées par une corniche d'or, décorées de tulle et encadrées de rideaux safran. Les danseurs appartenaient au monastère de Namgyal dans le Potala. Le spectacle durait toute la journée. Ces danses, les masques et les costumes ont été maintes fois décrits par les visiteurs étrangers, j'en ai même vu des photographies reproduites dans les livres de voyage, mais, personnellement, je n'y ai assisté qu'une seule fois car nous avions notre propre cérémonie à Sera. Une autre fois, je me suis rendu au monastère de Muru qui possède également une superbe collection de masques anciens et de costumes qu'on ne peut voir que pendant les danses du Nouvel An.

Dans les monastères, les deux premiers jours de l'année étaient des jours de vacances. Nos parents et amis, vêtus de leurs plus beaux habits, venaient nous rendre visite et faire le tour des sanctuaires et des chapelles. Mes parents venaient d'ordinaire le deuxième jour, réservant le premier aux cérémonies du village. Ces jours-là, nous nous levions tôt et prenions une soupe spéciale un peu aigre et un verre de bière d'orge ; tout le monde y avait droit, y compris les enfants. Puis chacun sortait de sa maison, chargé d'un plateau d'orge et de farine, faire le tour de ses amis. A chaque fois qu'on croisait quelqu'un, celui-ci prenait une pincée de chaque et la dispersait au vent pour attirer la chance. Il y avait aussi du *chang* dans une jarre d'argent aux rebords enduits de beurre qui circulait de mains en mains. De l'encens brûlait dans tous les coins et on chantait des chansons de Nouvel An. L'atmosphère était joyeuse. Tout le monde était propre et élégant : les hommes en habit de drap noir et chemise blanche, la tête couverte d'un chapeau plat et rond, à oreillettes brodées de fil d'or; les femmes portant des blouses de soie aux couleurs vives, leur plus beau tablier rayé et leurs bijoux les plus précieux. Leurs coiffures de fête étaient rehaussées de coraux, d'amulettes d'argent et de turquoise. Les villageois se rendaient d'ordinaire le plus près de leur village et passaient la journée à festoyer.

Le lendemain, mes parents arrivaient au monastère et louaient une chambre dans l'une des maisons construites hors des murs. Ils arrivaient chargés de *khata*, de cadeaux et d'une jatte pleine de beurre qui servirait à remplir les lampes à beurre des autels dans chaque chapelle. Ce jour-là, les moines recevaient à déjeuner dans la grande salle de réception. Le monastère offrait des petits gâteaux, du thé et même de la viande à cette occasion. Les moines avaient aussi le droit de jouer aux dominos ou aux cartes, activités totalement interdites en temps normal.

Le troisième jour, de grandes théories de moines venant de tout le pays convergeaient vers Lhassa. En arrivant, ils cherchaient d'abord un endroit où s'installer pour dormir. Quelques grands collèges et *khamtsen* possédaient des établissements en ville où s'amassaient une bonne partie d'entre eux. Ceux qui n'avaient pas trouvé de place demandaient alors une chambre chez l'habitant. Il n'était pas difficile d'en trouver, car c'était un acte très méritoire que de loger un moine pour la Grande Prière. Comme je l'ai déjà dit, Sonam et moi sommes allés à Darpoling, qui avait des liens anciens avec Sera.

Le lendemain, il s'agissait d'aller garder une place dans la grande salle du Jokhang. Les moines les plus âgés avaient leur place réservée dans la partie centrale, tandis que nous autres nous entassions sur les côtés, voire même entre les rangs, dans chaque espace resté libre. Dès que les assistants des surveillants nous avaient attribué une place, nous devions y revenir chaque jour. Avec cette foule de moines dans Lhassa, les monastères étaient quasiment déserts, il ne restait que les malades et les vieillards. Chaque collège désignait deux hommes de garde pour allumer l'encens et remplir les lampes à beurre. Les domestiques des cuisines devaient également rester : selon la coutume, ils avaient à mettre la bouse de yack à sécher sur les murs d'enceinte et à s'assurer que tous les chats et les chiens demeurés au monastère soient rassasiés. Durant la nuit, ils faisaient à tour de rôle une ronde dans les chapelles vides, frappant un tambour brandi au-dessus de leur tête qu'ils remettaient ensuite à ceux qui prenaient la relève.

Aucun fonctionnaire laïc n'aurait été capable de maintenir l'ordre dans Lhassa alors que la ville grouillait de moines, si bien que, depuis très longtemps, la ville était confiée à une patrouille de moines appelée Shengo. Les patrouilleurs étaient choisis parmi les moines de Drepung, le rôle du responsable revenant de droit aux *dob-dob* les plus anciens. Si celui qui était ainsi désigné estimait qu'il n'était pas à même d'accomplir sa tâche, il pouvait vendre sa charge. Les assistants étaient toujours choisis parmi les *dob-dob* de Drepung, il aurait été difficile à d'autres de maintenir le calme. Les membres du Shengo étaient sans exception des hommes puissants et bien bâtis qui rehaussaient encore leur allure imposante en rembourrant leur robe aux épaules et en portant des bottes aux semelles épaisses. Leur carrure était impressionnante avec leur long manteau rouge, leur gilet de brocart et leur couvre-chef en forme de crête jaune vif. Les assistants du Shengo en imposaient eux aussi, ils portaient des vêtements rembourrés striés de bandes de soie d'un rouge éclatant, certains passaient un rosaire autour de leur bras dénudé, sous lequel leurs muscles paraissaient encore plus puissants. Armés d'un long fouet et d'une baguette d'argent, insigne de leur fonction, les deux premiers assistants marchaient en tête de la patrouille, suivis par un moine armé, lui, de la longue perche de bois servant de mesure pour le thé des moines préparé dans d'immenses chaudrons devant le Jokhang. Les autres patrouilleurs étaient munis de longues branches de saules et de baguettes de bois.

Appartenir au Shengo était assez profitable, ils avaient de larges pouvoirs et ne se privaient pas d'imposer toutes sortes de taxes ou d'amendes, et d'octroyer certains privilèges. Ces jours-là, les rues de Lhassa étaient d'une propreté inhabituelle, car les propriétaires payaient une lourde amende si l'on voyait des déchets devant leurs portes. Tous les coins et les impasses où les habitants allaient d'ordinaire se soulager, étaient marqués par des lignes blanches et quiconque se faisait surprendre était battu en public et bien sûr mis à l'amende. Les femmes n'étaient autorisées à porter des bijoux qu'après avoir payé le Shengo pour ce privilège. La règle s'imposait aussi aux femmes de la noblesse, mais celles-ci restaient à l'abri dans leurs maisons. Une année, le Shengo tenta d'imposer une taxe pour le port du tablier rayé des femmes mariées. C'était aller trop loin, car ce tablier fait partie de leur costume habituel, si bien qu'après pas mal de scandale, l'ordre fut retiré. Ceux qui munissaient leur cheval, leur mule ou même leur chien de compagnie d'une clochette devaient également payer. Les hommes du Shengo avaient donc des tas de moyens pour extorquer de l'argent, et, ce faisant, ils étaient assez méchants. Seul le Dalaï-Lama pouvait les arrêter. D'ailleurs, le Shengo se vantait à qui voulait l'entendre de ne reconnaître que deux personnes au-dessus de son autorité, le Dalaï-Lama et l'abbé supérieur de Ganden.

Il était certainement nécessaire qu'une discipline de fer soit maintenue pendant la Grande Prière. Il y avait suffisamment de vieilles querelles et de rivalités à vider entre Drepung et Sera pour provoquer des bagarres, mais tout le monde avait peur du Shengo qui aurait fait impitoyablement fouetter tout fauteur de trouble. Ainsi, nous qui venions de Sera étions persuadés que le Shengo, choisi parmi les moines de Drepung, favoriserait toujours ses coreligionnaires, si bien que nous nous tenions soigneusement à l'écart. Au fond, le Shengo était aussi dur avec les moines de Drepung qu'avec n'importe qui agissant de travers.

Ce grand rassemblement de moines avait lieu afin de célébrer en commun un office pour le bien de tous les êtres. Les prières se succédaient quasiment sans interruption pendant dix-huit jours, à raison de trois offices par jour au Jokhang. Celui du matin se tenait entre cinq et sept heures, celui de la mi-journée, entre onze et quatorze heures, et le dernier entre seize et dix-huit heures. Nous récitions les prières tous ensemble. Les abbés faisaient des sermons, en particulier Tri Rimpoche, l'abbé supérieur de Ganden, qui était le plus érudit et qui, dans tout le Tibet, débattait le mieux des grandes questions. Le Dalaï-Lama lui-même venait prononcer un discours, il s'installait sur un trône spécial à l'extérieur du Jokhang pour que tout le monde puisse l'entendre. Pour les moines ordinaires, force est de reconnaître que les fréquentes distributions de nourriture et d'argent rendaient cette manifestation plus intéressante. Il fallait de riches donations pour pourvoir à ces distributions, et c'était une bonne occasion pour les laïcs pieux et riches de prendre en charge la plupart des dépenses. Les nobles rivalisaient de générosité et les sommes engagées étaient considérables. La qualité des repas et le montant des aumônes variaient d'un jour à l'autre ; les jours maigres, il y avait un peu moins de monde. Cela dit, la foule était toujours impressionnante. Le Shengo et ses assistants veillaient soigneusement à la correction de nos manières, à ce que nous nous asseyions bien drapés dans nos manteaux, à ce que nous gardions la tête baissée. Il fallait même faire attention à manger sans aucun bruit de bouche pendant les assemblées, et pour les distributions d'aumônes, nous devions nous tenir très tranquillement en rang. Nous devions reverser tous nos dons à notre maître. Tout le monde lui versait effectivement quelque chose, mais personne ne donnait tout. Par ailleurs, il y avait un tas de moyens pour recevoir plus que sa part. Dans cette rangée de moines écrasés les uns contre les autres, une main tendue vers l'extérieur, il y en avait toujours pour tricher et tendre les deux mains, en entourant le moine qui les précédait, ou encore pour se mettre plusieurs fois dans la file. Si le moine chargé de la surveillance s'en apercevait, soit il connaissait le tricheur et le laissait partir – à condition de percevoir une petite récompense –, soit il ne le connaissait pas et le faisait fouetter.

Le quinzième jour du mois, d'immenses structures recouvertes de cuir décorées de toutes sortes de motifs, de personnages et de scènes religieuses étaient disposées autour d'un cercle dans le jardin carré où se trouvait le Jokhang. Quelques-unes d'entre elles devaient bien mesurer vingt mètres, les collèges et les monastères qui les réalisaient s'appliquaient à dessiner les ornements et à les colorer avec du beurre mélangé à diverses teintures. Les scènes religieuses, les déités, les fleurs, les emblèmes étaient tous représentés avec des couleurs vives, et quelques trucs de fabrication donnaient l'illusion que certaines d'entre elles étaient même animées. La plus populaire de ces sculptures de cuir représentait un oracle qui dodelinait de la tête en levant les bras.

Cette animation n'était visible qu'à la nuit tombée, éclairée par des lampes et des flambeaux. Cette fête était exclusivement réservée aux laïcs qui s'étaient soigneusement tenus à l'écart et, ce jour-là, arrivaient de toutes les ruelles et emplissaient le parc de leurs rires et de leurs chants. Ils étaient pour la plupart un peu soûls, et les nobles se faisaient accompagner par quelques *dob-dob* qu'ils prenaient comme gardes du corps. Aucun autre moine n'était toléré dans les rues jusqu'à l'aube. Néanmoins, certains d'entre nous s'habillaient en laïcs et se joignaient à la foule. La fête des Lumières durait jusqu'au matin, elle était joyeuse et bruyante, troublée peut-être de quelques bagarres. Au lever du soleil, les grandes structures de cuir étaient tout de suite démantelées et le beurre récupéré était habituellement vendu aux maroquiniers qui s'en servaient pour préparer les peaux.

Les fêtes de la Grande Prière se poursuivaient encore pendant une semaine, mais, la nuit du quinzième jour, la tension cessait, et l'atmosphère devenait moins solennelle par la suite. Un adage la résume en ces termes : « La corde tendue de la Grande Prière est coupée par les offrandes de beurre du quinzième jour ». D'ailleurs, les jours suivants, les offrandes devenaient plus maigres et la plupart des moines regagnaient leur monastère. Nous avions bien mangé pendant quinze jours et nous nous étions enrichis d'une trentaine de livres sterling.

Les moines qui étaient restés à Lhassa après la fête des Lumières quittaient la ville le vingt et unième jour. Les célébrations du Nouvel An n'étaient pas terminées, mais devenaient l'affaire des laïcs. Des processions et des parades à cheval se succédaient avec des cavaliers portant d'anciennes armures. Au cours d'une certaine cérémonie, les habitants de Lhassa demandaient au Bouddha de hâter sa venue, et l'invitaient en tournant autour du Jokhang, brandissant une grande effigie en carton. Puis des compétitions sportives, des courses d'hommes et de chevaux, des luttes avaient lieu en son honneur.

Chaque mois de l'année compte une cérémonie importante, mais, cette année-là, toutes les célébrations furent un peu tristes : le Dalaï-Lama était toujours près de la frontière indienne, et les Chinois étaient présents dans tous les esprits, car l'on ignorait toujours leurs intentions.

En me préparant à devenir *dob-dob*, moine aventurier

Une des raisons de mon rappel du Dagpo, était que le *labrang* devait fournir un novice pour apprendre à jouer des instruments de cérémonies. Je dus me joindre à une classe où j'apprendrais à jouer du *gyaling*, instrument qui ressemble à un hautbois en cuivre muni d'un bec assez large en laiton. Cet apprentissage était ardu et demandait beaucoup de pratique. Les leçons débutèrent au printemps ; notre professeur n'avait qu'un bras, il avait perdu l'autre au cours d'un combat, c'était un moine *dob-dob*. Je les ai souvent mentionnés et je vous expliquerai bientôt qui ils sont. C'était un bon maître, pas comme certains qui sont convaincus que les élèves apprennent plus vite avec des coups de fouets, et qui utilisent des méthodes cruelles. Il n'était pas comme ça, il était doux. Le doigté était assez simple à acquérir, et, pour le rythme, nous apprenions des phrases simples, comme « la soupe bout, la soupe bout », ou encore nous imitions le hennissement d'un cheval. Nous apprenions à suivre la partition écrite en une ligne continue, sur une large bannière de soie. Le maître nous aidait en suivant la ligne du bout du doigt.

En revanche, il était plus difficile d'apprendre à souffler sans interruption. Cela surprend toujours les Européens qui jouent d'instruments à vent : nous devions souffler des heures sans marquer d'arrêt pour reprendre notre respiration. Il suffit simplement de savoir respirer par le nez, mais il faut pas mal de temps pour le faire bien. L'un des exercices consistait à souffler dans une soucoupe d'eau à travers un roseau, d'un souffle régulier, sans éclabousser. Deux mois durant, nous devions nous exercer à souffler sans arrêt en marquant une pause toutes les deux heures. Nous étions assis dans le bosquet de peupliers à la sortie de Sera, sans aucun confort. Nous passions la journée à souffler dans les *gyaling* ou dans de longues trompes de cuivre qui font retentir une longue note profonde. C'était certainement très beau, mais c'était un travail épuisant et nous mangions beaucoup pour soutenir cet effort.

Au bout de deux mois, nous passions un examen devant les membres les plus anciens de tout le monastère. C'était une véritable épreuve. Le joueur devait tenir son *gyaling* exactement à hauteur de ses épaules, les examinateurs plaçaient des poignées d'orties sous nos aisselles dénudées afin d'être convaincus que nous gardions bien les coudes levés. Le pire est qu'ils suspendaient un sac de sable à l'extrémité de l'instrument arguant que nous devions être capables de tenir les plus lourds *gyaling* de cérémonie qui étaient ornés d'or. J'ai quand même réussi. Mais il me faut dire qu'après cet entraînement forcené, je n'ai joué qu'une seule fois pour une grande cérémonie. Cependant, cela m'a plu et je joue toujours de la flûte tibétaine. J'aime aussi écouter de la musique occidentale, particulièrement les flûtes, les hautbois et les clarinettes, mais malheureusement, je ne peux pas en jouer car mes doigts sont trop courts. Bach et Mozart sont mes compositeurs préférés et je possède plusieurs cassettes enregistrées de leurs œuvres. Bien évidemment, je ne soupçonnais pas l'existence de ce genre de musique avant d'avoir quitté le Tibet. J'avais tout au plus entendu des airs indiens ou chinois dans certaines boutiques de Lhassa.

Chandzo Dote, qui fut de retour au *labrang* peu de temps après moi, me confia une nouvelle tâche. On m'envoya dans une famille noble afin que leur cuisinier m'apprenne la cuisine occidentale, qu'il avait lui-même apprise en Inde. C'était la maison des Taring. Le ministre Taring et sa femme sont en Inde aujourd'hui, où ils s'occupent activement des enfants des réfugiés tibétains dans les centres d'accueil et les écoles à Mussoorie. J'ai appris assez vite et je ne suis pas resté très longtemps dans leurs cuisines.

En dépit de ces nouveaux travaux auxquels on me formait, je ne me sentais ni satisfait ni utile. J'étais toujours aussi attiré par cette compagnie de moines que j'ai déjà souvent mentionné, les *dob-dob*. J'avais fini par atteindre l'âge nécessaire et je pouvais me présenter. Personne ne peut être ordonné *dob-dob* avant d'être un adulte, suffisamment grand et fort. J'en avais discuté avec mon oncle, mais, comme à son habitude, il me conseilla plutôt de prendre un maître. Il n'était pas du tout favorable à ce projet, mais il ne m'a pas grondé et s'est montré très patient quand je l'informai de ma détermination. Ainsi, avec l'aide de mon ami Sonam, qui était déjà reconnu candidat, je fus admis à postuler pour entrer dans la même association de *dob-dob* que lui.

Les *dob-dob* sont un corps spécial de moines qui n'existe que dans les grands monastères, Sera, Drepung et Ganden, et qui se distingue par sa force et son courage exemplaires. Les jeunes moines bien bâtis et énergiques qui ne peuvent prendre un maître ou qui ont des difficultés à étudier sont invités à se joindre aux différentes associations où les *dob-dob* se regroupent pour pratiquer les sports les plus violents. Ils se retrouvaient dans la vallée de sable à l'ouest de Sera, se douchaient sous les cascades ou se baignaient dans un ruisseau, puis couraient nus sur la berge, luttaient ou s'exerçaient à porter et à lancer de grosses pierres. L'exercice le plus important était le saut en longueur en partant d'une rampe surélevée. A l'origine, il y avait de nombreux concours avec les moines de Drepung, mais ceux-ci avaient dû être arrêtés à la suite d'une sérieuse bagarre au cours de laquelle un moine fut tué. Quoi qu'il en soit, l'ambition des *dob-dob* était d'être de bons sauteurs et des sportifs accomplis.

Ils n'étudiaient pas, du moins tant qu'ils étaient jeunes, néanmoins certains prenaient la peine d'apprendre à lire et à écrire. Ils connaissaient les prières par cœur. Une de leurs attributions était de jouer des hautbois et des trompettes pendant les grandes cérémonies. Je crois d'ailleurs que Chandzo Dote m'avait envoyé apprendre à jouer du *gyaling* pour me faciliter la tâche. Il avait été autrefois lui-même *dob-dob* et on racontait qu'au cours d'un combat célèbre avec un moine de Drepung, il lui avait fait sauter les dents d'un coup de pilon. Les *dob-dob* étaient reconnaissables à la manière dont ils portaient leur robe. La partie jupe était plus longue, mais, de la façon dont ils la relevaient, elle paraissait beaucoup plus courte que celle des autres moines. Les plis du tissu élargissaient leur silhouette au niveau des hanches, leur donnant une allure imposante qu'ils exagéraient encore en se dandinant. Leurs cheveux étaient assez longs, et une mèche passée derrière l'oreille gauche revenait en boucle sur la joue. Ils noircissaient souvent le contour de leurs yeux afin d'avoir l'air plus féroce. Autour de leur bras droit dénudé, ils serraient un foulard de soie rouge juste au-dessus du coude, et ils laissaient pendre à leur ceinture une énorme clef qui leur servait d'arme.

Les *dob-dob* sont une institution reconnue et acceptée, ils sont enregistrés comme tels dans les livres du monastère. Ils n'ont pas le droit de porter leur longue boucle à l'intérieur du monastère et *a fortiori* dans la grande salle, mais ils se débrouillent pour la cacher en la fixant derrière l'oreille. Ceux qui sont choisis pour assister le Shengo ne s'en tirent pas comme ça et sont obligés de sacrifier leur mèche adorée. Ils se consolent en la dessinant sur leur joue avec de la suie en attendant que leurs cheveux repoussent. Les *dob-dob* remplissent de nombreuses fonctions parallèlement à leur rôle de musiciens et de policiers du monastère. Ils sont les gardes du corps des dignitaires religieux quand ceux-ci se déplacent, ils peuvent aussi être employés par des fonctionnaires laïcs qui ont besoin d'escorte. Les plus jeunes aident à la préparation et au service du thé pendant toutes les assemblées. Ceux qui ont le sens du commerce ou de la terre peuvent devenir intendants des domaines ou trésoriers d'un *labrang* comme Chandzo Dote.

Je sais que dans les livres occidentaux, les *dob-dob* sont souvent décrits comme des bagarreurs, de violents tyrans qui terrorisent les autres moines, s'adonnant à des pratiques immorales. Ce n'est nullement la vérité. Tout Tibétain vous confirmera qu'ils sont aussi connus pour leur force et leur bravoure que pour leur immense générosité. C'est vrai qu'ils combattent souvent, mais que doit-on attendre d'eux si on les laisse cultiver la force et l'audace ? C'est vrai aussi qu'ils se battent pour de jeunes favoris, mais une fois encore, que doit-on attendre d'une communauté d'hommes et de garçons ?

Ce type de comportement n'était pas aussi mal jugé et, vraisemblablement, les nobles de Lhassa préféraient que les moines restent entre eux plutôt que de tourner autour de leurs femmes et de leurs filles. Finalement, ces combats et ces favoris étaient une manière de jeu. C'était un vieux défi chez les *dob-dob* que d'entraîner le fils d'une riche famille de Lhassa, ce qui déclenchait des bagarres en ville. Dans le monastère, il y avait également des combats, il fallait qu'ils se battent de temps à autre pour prouver leur force et leur courage. Bien souvent, ces bagarres n'avaient d'autre cause qu'un défi lancé à un moine qui avait la grosse tête.

Enfin, il serait faux de dire qu'ils passaient tout leur temps en bagarres et en débauches. Bon nombre d'entre eux ne s'étaient même jamais battus et vivaient simplement une longue amitié au cours de leur existence simple et naturelle. Les plus durs d'entre eux étaient souvent les plus généreux, ils distribuaient leur argent aux moines pauvres et quelquefois même aux laïcs.

L'association à laquelle je me suis joint comptait trente-six membres qui venaient des différents collèges de Sera. Ce fut un bon moyen pour me faire de nouveaux amis. Pour faire partie d'une association, il n'était pas nécessaire de s'acquitter d'un droit d'entrée, chaque moine contribuait, dans la mesure de ses moyens, à une caisse commune qui servait à acheter la nourriture. Nous prenions nos repas tous ensemble dans la chambre de l'un ou de l'autre. Mais la plupart du temps, les réunions se tenaient dans la chambre du chef, qui se trouvait être le moine manchot qui m'avait enseigné le *gyaling*. Bien qu'il ait été un bon lutteur et sauteur, ses manières étaient douces, il veillait tranquillement à ce qu'une stricte discipline soit toujours observée. Ce type d'associations que nous désignions sous le terme *kyidu* – ce qui veut dire littéralement que chacun partage équitablement le bon et le mauvais – pouvait exister durant de nombreuses années, ou alors se scinder en de nouveaux groupes. A la mort d'un membre, ses biens étaient partagés entre le *kyidu*, le moine chargé de dépecer le corps et le collège.

Quand je devins *dob-dob*, je partis m'installer dans la chambre de Sonam ; le changement fut agréable, car la cuisine du *labrang* grouillait toujours de monde. Au bout de quelques mois, j'obtins une permission et me rendis à Tshapanang pour aider ma famille pendant la moisson. Les moines non instruits avaient la possibilité de quitter ainsi le collège en ces occasions, à condition bien sûr d'y avoir été autorisés. En revanche, les lettrés n'avaient jamais la permission de s'absenter plus de quelques jours ; au-delà, ils étaient mis à l'amende. A la maison, je portais des vêtements laïcs mais on me traitait comme un moine. Je dormais dans l'oratoire et je m'occupais des lampes à beurre et de l'encens. Ça n'avait rien d'inhabituel qu'un moine dont le monastère pouvait se passer, retourne dans sa famille pour aider aux champs. Certains louaient leurs services à des paysans, et c'est ainsi qu'un groupe de *dob-dob* de Sera venait aider mon père pour les moissons. Ils s'installaient dans l'oratoire, notre famille les nourrissait bien. Ils se sont toujours très bien tenus, récitant les prières le soir. Ils étaient payés en grains et recevaient bien souvent une jatte de beurre en prime. En aucun cas les moines ne pouvaient participer aux labours, c'était strictement interdit par nos règles religieuses.

Mon père avait beaucoup trop de travail avec le louage d'animaux pour prendre part à la moisson, mais même si aucun moine ne pouvait venir, ce n'était pas difficile de trouver des gens prêts à nous aider. A la fin des moissons, un prêtre *bön*, tout de blanc vêtu, venait pratiquer une cérémonie près de la pierre blanche qui était posée au centre des champs en offrande aux esprits de la terre. Autour de la pierre, on laissait toujours une petite bande qu'on ne récoltait pas et, à la fin des moissons, on ramassait une gerbe dans chaque champ que l'on rassemblait en une sculpture à forme humaine. Un homme se glissait dans la forme et s'en allait vers la maison en chantant. « Je suis resté dans le vent tout l'hiver, sous la pluie tout l'été au beau milieu de vos champs, maintenant ouvrez-moi votre maison, j'y serai heureux et je vous donnerai de bonnes récoltes. » Puis ces gerbes étaient posées sur le grain en réserve jusqu'aux prochaines semailles, où on les rapporterait dans les champs, à côté de la pierre blanche.

Nous faisions aussi une grande fête. On y contribuait avec de l'argent ou de la farine collectés tout au long de l'année à diverses occasions. Par exemple, au moment des semailles, celui qui terminait le dernier payait une petite amende. Au moment de la germination, les femmes ramassaient des poignées de jeunes pousses qu'elles offraient aux voyageurs en chantant des chansons leur souhaitant bonne chance. En échange, elles recevaient de menues récompenses.

Cette année-là, je fis une mauvaise chute de cheval. C'est arrivé le jour où Dordje et moi amenions les chevaux et les ânes à la rivière. Nous avions l'habitude de nettoyer les animaux après le transport des récoltes des champs à l'aire de battage, près de la maison, quand ils s'étaient couverts de poussière et de brins de paille. L'étalon de mon père était un animal puissant et incontrôlable. Mon père lui donnait quelquefois des scorpions à manger, après leur avoir enlevé l'aiguillon empoisonné, ou alors des lézards, qui, paraît-il, donnent de la force et lustrent le poil. Au retour, je me mis en tête de monter cet étalon. Mon frère tenta bien sûr de m'en dissuader, mais peine perdue, je pris appui sur une souche, me saisis de la crinière et je réussis à me retrouver à cheval. L'étalon, fort mécontent d'avoir un cavalier, s'élança en ruant vers la maison. J'avais de grandes difficultés à rester sur son dos, je n'avais pas de selle pour me cramponner, ni de rênes pour contrôler ma monture. Nous foncions à travers champs vers la porte de l'écurie. Je me rendis compte que je ne parviendrais pas à éviter la porte basse et je me laissai choir juste à temps. Je restai assommé un court moment, mon corps était couvert de bleus et d'égratignures, mais rien de cassé. Je me souviens que cette folie mit mon père fort en colère.

Dorje était un garçon assez bizarre, peut-être un peu niais. Il parlait peu, passait la plupart de son temps à garder les moutons du monastère, qui avait des propriétés pas loin de Tshapanang. Son salaire s'élevait à deux moutons par an, ce n'était pas un mauvais travail, mais il était beaucoup moins libre que les *drokpa*, car l'intendant vivait au village et gardait un œil sur les employés. Par ailleurs, Dorje se faisait un peu d'argent en pêchant dans la rivière. En général, la pêche est interdite au Tibet, mais Tshapanang et un autre village de l'autre côté de la rive bénéficient d'une dérogation. Mon père n'aimait pas ça, à cause de la stricte interdiction religieuse de tuer les poissons, alors Dorje pêchait en secret. A la fin de l'automne, il cuisait une soupe de poissons et la donnait au *dzo*, un hybride de yack. Je n'ai jamais mangé de poisson au Tibet. Pendant la Grande Prière, nous ne devions même pas prononcer le mot « poisson » ; si nous devions en parler, il fallait utiliser le terme « radis d'eau ».

C'est à peu près à cette époque que Dordje se rendit célèbre dans les environs. Il était dans les collines avec ses moutons, quand un léopard les attaqua et tua une bête. Mon frère suivit le léopard qui entraînait sa victime dans un fossé afin de la dépecer tranquillement. Là, il sauta sur le dos du léopard et le saisit à la gorge pour essayer de l'étrangler, mais celui-ci était bien trop puissant, et Dordje ne parvint pas à le tuer. Il se faisait griffer et mordre sauvagement. Je ne sais pas comment il a réussi à charger l'animal sur son dos et à descendre ainsi au village. Tout le monde resta pétrifié de terreur, et médusé par ce spectacle. Un homme se détacha et réussit à achever l'animal. Dorje était en piteux état. Il avait perdu un œil, son visage était déchiré, tordu de douleur et son dos était gravement blessé. Il survécut, mais resta défiguré et ne put jamais plus parler distinctement. Tout le village chanta ses louanges, et l'intendant du monastère lui donna une bonne récompense. Puis il chargea le cadavre sur son dos et s'en fut faire le tour des environs et raconter son histoire. Partout, il reçut des cadeaux, les gens avaient peine à croire qu'il avait attaqué le léopard à mains nues. C'était évidemment un acte courageux, mais peut-être un peu irréfléchi.

Mon premier combat

Je profitai de mon séjour à Tshapanang pour informer mon père de mon intention de quitter définitivement le *labrang*. Il n'avait jamais refusé de m'aider et quand le moment fut venu, il m'accompagna à Sera pour arranger les modalités de mon départ. Chandzo Dote n'était pas spécialement attaché à moi et, comme à son habitude, il se montra patient et compréhensif. De toute façon, ça n'a rien d'extraordinaire qu'un moine choisisse ce qu'il veut faire et où il veut aller. Le défunt Lama Sharpa était mon maître et, au moment de sa mort, le *chandzo* s'était engagé à prendre soin de moi, mais cet engagement ne lui donnait pas le droit de m'empêcher de partir. En fait, il se montra très généreux et je reçus des meubles, des tapis, des *thangka*, de la vaisselle de cuivre et un peu de grain pour m'aider à m'installer. En général, quand un élève quittait son maître, celui-ci offrait des cadeaux, en remerciement de son travail. L'élève de son côté avait versé au maître, responsable de sa nourriture et de son habillement, toutes les offrandes qu'il avait reçu au monastère. Chandzo Dote n'avait jamais rien accepté de moi, et, ce jour-là, il se montra bien plus généreux que ne lui imposait la coutume.

J'étais donc à présent un novice enregistré au *khamtsen* de Kongbo, mais qui ne dépendait plus du *labrang* de Sharpa et je partis m'installer dans la chambre de Sonam. En qualité de postulant *dob-dob*, nous devions travailler pour le *kyidu*, nous préparions le repas, faisions le ménage et quantité de menus travaux. Nous allions assister à l'entraînement tous les jours, mais nous n'avions pas le droit de participer aux exercices de saut avant d'être admis comme membres à part entière. Néanmoins, nous étions sous les ordres du maître de saut et la discipline était très stricte. Nous empilions nos vêtements dans un ordre précis, nous avions le droit de courir ou de lancer des pierres, mais seulement après en avoir reçu l'ordre. Le maître surveille les exercices de saut et utilise un manche de pelle pour mesurer les distances. Il s'en sert aussi pour maintenir l'ordre parmi les novices. Tout ceci était fait très sérieusement. Pour le *khamtsen*, je devais m'occuper des chevaux, mais comme nous étions plus nombreux, j'avais bien moins à faire qu'au *labrang*.

Certains matins, Sonam et moi assistions à la grande assemblée, puis nous faisions notre travail et n'allions rejoindre nos amis du *kyidu* que plus tard. Par l'intermédiaire de l'un d'eux, Dawa, je fis la connaissance d'un *dob-dob* plus âgé, de Drepung, connu sous le nom de Nechung Basta, ou « Nechung le Vérolé », cela va sans dire il avait le visage grêlé par la variole. La rivalité traditionnelle entre Drepung et Sera n'empêchait en rien que leurs membres se lient d'amitié. Nous les rencontrions souvent à Lhassa et nous allions assez facilement en visite dans leurs collèges. Et les moines de Drepung étaient toujours invités le jour où « l'épée sacrée à trois faces descendue du ciel » était exposée. Afin qu'on les reconnaisse, ils portaient leur bonnet jaune sur l'épaule gauche. Ce jour-là, nous les recevions à déjeuner.

Les moines de Sera se considéraient comme supérieurs à ceux de Drepung, car ils recevaient de la farine et ceux de Drepung du grain, au moment de la distribution annuelle de vivres. Comme on disait alors, « S'il a du grain dans la poche, il est de Drepung. S'il a de la farine sur l'oreille, il est de Sera ». La distribution annuelle de farine était un spectacle qui valait le coup d'être vu. Elle était confiée à des serviteurs laïcs incroyablement rapides à servir rigoureusement le même montant à chacun. Il faut dire qu'ils s'entraînaient des semaines durant avec du sable fin. La farine s'envolait dans tous les sens et tout le monde était blanc des pieds à la tête.

Vous avez peut-être l'impression que les *dob-dob* ne menaient pas une vie de religieux, mais je n'ai jamais oublié que j'étais un moine. Une fois, je vis une apparition de bon augure. Je marchais sur la colline derrière Sera et je vis, enfin je le crus, un énorme taureau qui me fixait à travers les rochers. Je n'apercevais que sa tête et son encolure qui paraissaient aussi rouges que des braises ardentes, ses cornes luisaient comme du métal. Je suis vite allé appeler des copains afin qu'ils le voient aussi, mais nous ne l'avons pas retrouvé. D'après eux, j'avais vu Jigche, la plus grande déité protectrice et j'avais beaucoup de chance. Un autre jour, environ à la même époque, j'ai vu passer un grand chien noir qui portait une tête d'homme dans la gueule. Sonam m'a dit que si j'avais pu le toucher, je serais, grâce à ses pouvoirs magiques, devenu très riche. Quelque temps plus tard, nous avons partagé une expérience assez bizarre dans notre collège. Un moine d'un âge avancé venait de mourir, son corps était resté trois jours dans sa chambre, il était soigneusement attaché, prêt à être emporté pour être dépecé et donné en pâture aux chiens et aux vautours. Les rites funéraires venaient de se terminer. Soudainement, le corps de ce moine fit irruption en titubant dans la cour où quelques moines bavardaient tranquillement. Il était entièrement nu, sa peau avait pris une teinte grisâtre. Immédiatement, les moines donnèrent l'alarme en criant : « *Rolang, rolang* » – un corps qui marche. Je me suis précipité dans la direction d'où venaient les cris, mais quand je suis arrivé sur les lieux, le corps gisait à terre et un courageux *dob-dob* lui assenait des coups de pierre sur le crâne. Nous pensons qu'il est possible qu'un esprit malin s'empare du corps d'un mort, et qu'il peut être dangereux si personne ne parvient à le contrôler. Quelques rares mystiques aux pouvoirs très spéciaux sont capables de dominer ces esprits et de les utiliser, mais, pour la plupart d'entre nous, ce genre d'apparition est redoutable. Une cérémonie particulière eut lieu et le corps put enfin être découpé. L'assistance était nombreuse ce jour-là, nous étions tous venus dans l'espoir qu'il se passerait quelque chose d'étrange. Il n'en fut rien.

Les hommes qui dépècent les corps s'installent sur une large pierre plate, dans un recoin de la colline voisine de Sera. Dès qu'ils arrivent, chiens et vautours se rassemblent autour d'eux. Comme des animaux domestiques, les vautours descendent quand les hommes les appellent, et viennent tout près. J'allais quelquefois dans ce recoin ramasser des plumes et les offrir aux muletiers qui aiment en parer leurs bêtes.

Le Dalaï-Lama est rentré à Lhassa l'été de cette année-là, et tous les moines de Sera sont allés ensemble au Norbu-Lingka lui rendre hommage et recevoir sa bénédiction. Ensuite, ce fut l'arrivée des premiers soldats chinois. Les premiers sont venus en chameau, ils n'avaient pas l'air bien riches et étaient tous un peu malingres, ils n'avaient pas non plus l'air bien armés et personne n'y a prêté beaucoup d'attention. Les Chinois de leur côté essayaient de se faire bien voir et payaient tout ce qu'ils achetaient en dollars d'argent. Les pickpockets de Lhassa s'amusaient à les dévaliser, ils aimaient particulièrement les stylos-plume. Puis, petit à petit, de plus en plus de soldats chinois arrivaient et les tentes se multipliaient autour de la ville. Ils possédaient des quantités de mules et de chameaux, des jeeps et même des motos. Il ne leur fallut pas longtemps pour déloger les Tibétains, ils rachetaient les maisons à bon prix, mais c'était clair que nous n'avions pas le choix, il valait mieux accepter de vendre. Le peuple de Lhassa commençait à avoir peur, les Chinois se comportaient en propriétaires, tous ceux qui étaient logés dans de grandes maisons, les marchands, les ouvriers et les locataires s'attendaient à s'entendre dire d'aller habiter ailleurs. Dans le même temps, les prix grimpaient. Le mécontentement gagnait dans Lhassa, la vie devenait difficile. Notre gouvernement fit une tentative pour convaincre les Chinois de rapatrier leurs troupes, faisant valoir que les vivres allaient manquer. En réponse, les Chinois demandèrent et obtinrent la démission de deux ministres qui se faisaient l'écho du peuple. C'en était assez pour que nous soyons hargneux et tourmentés.

Je devais avoir une quinzaine d'années à cette époque et, en tant que candidat *dob-dob*, j'étais à l'affût d'une occasion de prouver ma force et mon ardeur. En clair, j'étais prêt au combat si par chance il s'en présentait un, ce qui arriva l'hiver suivant, un peu avant le Nouvel An.

C'était un matin, j'étais sur les marches de pierre avec tous les autres à attendre que les portes s'ouvrent. Il avait un peu neigé dans la nuit et, bien enrobés dans nos capes, nous nous réchauffions au soleil avant la grande assemblée. J'étais assis en équilibre sur la balustrade, en haut des marches, et, d'un seul coup, un moine me poussa délibérément au bas de mon perchoir. Je le connaissais vaguement et je ne l'appréciais pas, sans qu'il y ait aucune raison à cela : une manière d'antipathie immédiate, vous comprenez ? Comme il éclata de rire quand je m'étalai dans la neige, dévoré par la colère, je bondis et commençai de lui taper sur le crâne avec mon bol de bois, que nous portions tous dans le revers de notre robe. Les autres moines nous ont vite séparés, car il était temps d'entrer dans la grande salle. Nous continuions à nous mesurer du regard. A la fin de l'assemblée, je me suis dépêché de sortir pour aller me poster afin de l'attendre et le recevoir à coups de pierre. Il fonça sur moi en faisant tournoyer sa clef au bout de sa ceinture. Il réussit à m'atteindre et, à moitié assommé, pissant le sang, je sortis mon couteau et d'un bon coup sur le côté, je l'envoyai au tapis. Puis je me suis empressé de prendre le large ; il était strictement interdit de porter un couteau, exception faite du moine chargé des offrandes de pâte à pain qui avait une longue lame souple. Mais de nombreux *dob-dob* étaient ainsi armés, et il arrivait qu'un moine soit tué au cours d'une bagarre. Dans ce cas, le coupable était fouetté et jeté hors du monastère dans des vêtements blancs et sales. Tout moine qui se faisait prendre avec un couteau, même s'il ne s'en était jamais servi, se faisait fouetter. Je fus assez inquiet jusqu'à ce que j'apprenne que mon adversaire n'était que légèrement blessé.

De nombreux moines avaient été témoins de la scène et les surveillants furent rapidement au courant. Ils envoyèrent leurs servants nous chercher, ils nous emmenèrent dans la grande salle. L'interrogatoire fut bref et, tous les deux, nous avons répondu la vérité. La sentence tomba immédiatement, sans surprise, nous devions être fouettés. Mon adversaire reçut deux fois trente coups pour avoir commencé la bagarre. Je devais regarder la punition en restant à genoux. Puis les quatre commis s'emparèrent de moi, me couchèrent face contre terre et relevèrent ma robe. Deux d'entre eux se placèrent de chaque côté de mon corps allongé et m'assenèrent chacun vingt-cinq coups de baguette. J'avais la chance de les connaître et ils firent vite. La douleur était insoutenable, mes blessures saignaient, mais j'ai serré les dents et aucun cri ne s'est échappé. Je savais que les *dob-dob* m'observaient, à la moindre faiblesse, il me faudrait renoncer à devenir l'un d'eux. Pour m'aider, je serrais fort les plis de ma robe entre mes dents.

Ça nous a calmés, et même si nous ne nous aimions pas plus, nous ne nous sommes jamais plus battus. Mes amis *dob-dob* étaient assez contents de moi et j'avoue que j'étais moi-même assez satisfait. Mes jambes tout entières étaient couvertes de bleus et de plaies qui suppuraient. Sonam me soignait en les badigeonnant avec de l'œuf battu et je m'exposais au soleil chaque fois que j'en avais l'occasion. J'étalais aussi du beurre, ce qui calmait un peu la douleur. Ce fut assez pénible pendant un bon mois et j'en porte encore les cicatrices.

Cette année-là encore, Sonam et moi sommes partis ensemble pour la Grande Prière, mais cette fois nous avons logé chez Shasur Teji. C'était bien plus plaisant que le temple de l'oracle de Darpoling. Je fis très attention à me tenir loin des ennuis et du Shengo.

Peu après le Nouvel An, mon ami de Drepung, Nechung Basta, me proposa du travail. Il avait la réputation d'être sans peur et, avec Dawa, ils accompagnaient quelquefois un dignitaire religieux de Lhassa qui était également leur mécène. Tsetrung Lobzang Yonten – *tsetrung* signifie moine fonctionnaire, Lobzang Yonten était son nom – venait d'être nommé gouverneur de Kyirong, une province du Nord-Est, à la frontière du Népal. Nechung Basta et Dawa seraient ses gardes du corps et ils avaient pensé à moi comme troisième homme. Ce projet m'enchanta, la perspective de m'éloigner du monastère me ravissait, et j'avais entendu dire que Kyirong était une région délicieuse.

Je fus présenté au gouverneur qui m'accepta et nous promit un bon salaire à tous les trois. Il nous informa que nous devrions également l'aider à superviser la province et à collecter les impôts. Ce n'était pas un travail facile et j'étais peut-être un peu jeune, mais fort de mon expérience avec les *drokpa*, je me sentais confiant. Nous avons quitté nos robes pour un long manteau, une tunique et des pantalons de drap rouge sombre. Le gouverneur me pourvut d'une épée que je portais fièrement à la ceinture. Mes cheveux étaient encore très courts ; n'étant encore que candidat, je n'avais pas le droit de laisser pousser la longue mèche des *dob-dob*, mais je pouvais néanmoins nouer le foulard de soie rouge autour de mon bras droit. Sonam et mes autres amis enviaient ma chance et j'attendais ce départ avec impatience.

Un gouverneur corrompu

C'est un joli cortège qui se mit en route pour Kyirong. Les chevaux du gouverneur avaient fière allure, nous étions accompagnés de nombreux suivants et de chevaux de bât chargés de bagages. C'était un poste important et le gouverneur tenait à faire impression lors de son arrivée à Kyirong. Tous les villages le long de notre route étaient soumis à l'*ula* et mon maître bénéficiait du gîte et du couvert gratuits. Je ne mis pas longtemps à me rendre compte qu'il avait un caractère difficile. Il rudoyait les villageois, exigeait un traitement inconsidéré ; j'avais déjà vu à la ferme de mon père des fonctionnaires peu scrupuleux et exigeants, mais celui-ci les dépassait tous. Il n'aurait jamais imaginé donner un pourboire ou une petite récompense aux paysans qui se mettaient à son service, il préférait les houspiller sans cesse. Voyant cela, Dawa et moi avions pris l'habitude de leur donner du thé et un peu de nourriture en cachette de notre maître.

Notre route nous fit traverser Tshapanang avant de rejoindre le Brahmapoutre. Puis nous avons pris le bac, à peu près à l'endroit où un bras de la rivière se dirige vers le lac Yamdrok, et, de là, nous avons continué vers le monastère de Tashilumpo. Le mois de mai était plaisant, les eaux du lac d'un bleu profond et les saules dans les villages préservaient la fraîcheur.

Nous arrivions vers le Tashilumpo et nous devions passer une rivière assez large qui descendait de Gyantsé. Il y avait un pont de pierre, mais pour je ne sais quelle raison, le gouverneur m'ordonna de chercher un gué. J'étais somme toute un voyageur un peu jeune et au lieu de choisir un endroit où l'eau gargouillait rapidement, ce qui indiquait qu'elle était peu profonde, je m'arrêtai devant une nappe d'eau très calme. J'y engageai mon cheval et nous nous sommes retrouvés dans l'eau jusqu'au garrot. J'étais complètement trempé. Mes compagnons alignés sur la rive riaient aux éclats. Tout ça n'était pas très grave, je séchai vite.

Nous avons passé quelques jours au Tashilumpo. C'est un grand monastère aussi superbe que Drepung ou Sera. Une rangée de fines constructions élevées, coiffées de toits d'or abritent les sanctuaires des panchen-lamas. La discipline me parut beaucoup plus sévère qu'à Sera, et les *dob-dob*, ici, n'avaient pas autant de liberté. A chaque fois qu'ils voulaient se rendre à Shigatsé, la ville voisine, ils leur fallait une autorisation, et, à leur retour, deux gardiens les inspectaient et s'assuraient que leur haleine ne sentait pas le *chang*. La plupart d'entre eux avaient bien bu un peu de *chang*, mais ils déjouaient les gardiens avec un truc très simple : ils inhalaient et retenaient leur respiration pendant le contrôle.

Ensuite, nous sommes allés au monastère de Sakya où nous avons également passé plusieurs jours. Sakya est le plus ancien monastère de cette région du

Tibet, c'est un endroit effrayant. Les bâtiments sont immenses et poussiéreux, il fait très sombre dans ces lieux presque vides. Les lamas de Sakya étaient célèbres pour leurs pouvoirs occultes, ils contrôlaient de nombreuses sorcières, ainsi que des esprits féminins dont ils se servaient comme messagers à travers tout le pays. On me raconta que les six plus puissants sont attachés à un poteau de chaume dans l'une des salles, qu'ils ont une forme humaine et que leur tête est couverte de mouches. Une fois par semaine, ils prenaient possession de six moines qui les y invitaient par une danse rituelle pendant laquelle ils posaient dans les paumes de leurs mains de petits récipients rouges et brûlants. A la fin de leur danse, ils jetaient de la graisse de mouton dans le feu, ce qui avait pour effet de mettre en transe toutes les femmes qui étaient là. La fois où j'assistai à ce spectacle, les pèlerines *drokpa* ne manquèrent pas à la règle et s'enfuirent terrorisées. Dans la soirée, tout le monde s'enfermait trois heures durant à cause du danger que faisaient planer les cérémonies magiques qui avaient lieu. Le son d'une fine trompette creusée dans un tibia humain annonçait que les rites étaient terminés. Mes amis m'avaient gentiment mis en garde. Je ne devais en aucun cas adresser la parole à une jeune inconnue, ni même ramasser ne serait-ce qu'un fil de couleur sur le bord de la route. Si j'étais amené à emprunter une couverture ou une cape, ils me conseillèrent de cracher dessus avant de m'en couvrir afin de ne pas tomber sous le pouvoir d'une sorcière.

Je me suis rendu compte plus tard, lorsque j'ai habité Lhassa, que même en ville les gens avaient peur de ces sorcières. Il m'est arrivé, la nuit, d'entendre des cris annonçant qu'une sorcière de Sakya était de sortie. A ce signal tous ceux qui n'avaient rien à faire dehors se précipitaient chez eux, et les autres évitaient soigneusement de parler à toute femme un peu étrange qui venait à passer. Ceux qui tombaient sous le pouvoir d'une sorcière adoptaient des attitudes bizarres, et lorsqu'on n'était pas convaincu que la personne était réellement possédée, on procédait à un test simple qui consistait à lui poser un fer brûlant sur la main, ce qui supposait bien sûr qu'on soit parvenu à l'attraper. Si la personne était effectivement possédée, elle ne conservait pas la marque de brûlure et était capable de nommer la sorcière. Dans ce cas, s'il était possible de retrouver celle-ci, elle porterait la marque du fer.

Une sorcière de Sakya très connue vivait à Lhassa. Elle avait épousé un riche commerçant ladakhi et tenait une boutique de vêtements. C'était une femme courtaude et trapue au visage rouge taché par un gros grain de beauté noir juste sous l'œil. Pour un homme, une telle marque aurait été un bon présage, annonçant pouvoir et richesses. Pour une femme, au contraire c'était un très mauvais signe. Les gens racontaient qu'elle payait une taxe à Sakya pour pouvoir rester à Lhassa, mais qu'elle demeurait sous le contrôle du lama. Quelle que soit la vérité, tout le monde se tenait en dehors de son chemin et prenait soin de ne jamais l'offenser.

Il nous fallait encore un mois pour atteindre Kyirong quand la passation de pouvoirs entre le gouverneur et son prédécesseur eut lieu. A ce moment-là, il rencontra également son homologue laïc. Dans les grands districts, il y avait un général, deux gouverneurs, un religieux et un laïc. Puis nous sommes arrivés au *dzong*, le quartier général de la province.

C'était une grande bâtisse qui ressemblait à une petite forteresse. Les chambres étaient confortables et le paysage riant. Le *dzong* était entouré d'arbres et de haies, au-delà desquels des champs verts parsemés de fleurettes s'étalaient traversés par de nombreux ruisseaux. Au loin, les pics enneigés dessinaient la frontière avec le Népal. La vallée de Kyirong était plus basse que Lhassa, et les terres y étaient fertiles, les récoltes variées, les légumes abondants. Les pommes et les pêches étaient particulièrement délicieuses. Les vaches paissaient dans de vastes champs d'herbe grasse et les yacks trouvaient sur les hauteurs de riches pâturages. Kyirong était un village gros d'une centaine de maisons, ses habitants se montraient sympathiques et accueillants, et je n'ai pas le souvenir d'avoir connu un plus bel endroit, ni avant, ni depuis.

Mon travail consistait d'une part à contrôler le travail des fermiers, semailles et moissons, et d'autre part à m'assurer que nous obtenions bien notre part des récoltes. L'assistant du gouverneur était une personne d'une certaine importance et on m'appelait désormais *Kusho* – Monsieur –, au lieu de s'adresser au simple novice que j'étais. Une autre de mes responsabilités était de prélever la taxe sur les moutons qu'on exportait au Népal. Un pont, situé à une journée de marche du village, marquait la frontière. Accompagné d'un adjoint du gouverneur laïc, je prenais ce poste un mois sur deux. De l'autre côté du pont, quelques soldats népalais faisaient la même chose. Nous habitions une grande maison avec des domestiques ; elle constituait le poste frontière. C'est là aussi que nous comptions les moutons. Il était alors interdit aux Tibétains de vendre des brebis au Népal et au milieu des centaines de moutons, il fallait avoir l'œil. J'ai toujours eu à cœur de faciliter les choses aux marchands tibétains, ils me le rendaient par de petits cadeaux, surtout si je fermais les yeux sur une brebis. Cela m'est arrivé quelquefois, j'étais alors convaincu que le propriétaire avait réellement besoin de l'argent de cette vente pour s'en sortir. Comme je l'ai dit, les Népalais avaient leur poste frontière de l'autre côté aussi ; nous ne prélevions rien sur les marchandises qui entraient, mais nous prenions note des quantités. Les Népalais aussi nous faisaient de petits cadeaux. Finalement, ce travail rapportait bien. Lors d'un de mes séjours à la frontière, un groupe de soldats chinois surgit de nulle part. Ils examinèrent attentivement le pont, épinglèrent un avis de passage et repartirent comme ils étaient venus.

Au bout d'un mois de service, Dawa ou un autre adjoint venait me remplacer et je descendais travailler au *dzong*. J'avais de très bons contacts avec les villageois, j'étais moi-même d'origine paysanne et, grâce à l'expérience de mon père, je comprenais à quel point les fonctionnaires corrompus sont pénibles pour la population. De ce fait, les gens étaient prévenants, leurs maisons m'étaient toujours ouvertes. Les intérieurs étaient propres et une coutume agréable invitait à entrer. Un panier de pommes de terre cuites à l'ail était suspendu devant chaque porte, et qui voulait se servait. A l'intérieur, sur la table de la cuisine, se trouvait un bol de sauce piquante pour les tremper. En saison, le panier était quelquefois de pêches ou de pommes. Dans cette région, on consommait aussi beaucoup de riz, qui venait Népal, et on fabriquait un très bon *chang*. Les gouverneurs donnaient quelques fêtes, ainsi que l'officier népalais en poste à Kyirong, ou encore le gouverneur de la province de Dzongha, au nord, ce qui fait que nous festoyions souvent. A chaque fois, le voyage prenait au moins un jour de marche, et nous prenions le temps d'apprécier la fête, quelquefois même nous restions deux jours.

Nous aurions dû couler des jours heureux dans cette province attrayante, mais malheureusement, ce gouverneur était un être malhonnête, tyrannique et brutal. Il buvait beaucoup, fumait sans relâche des cigarettes coûteuses ou des petits cigares népalais. A tout ceci s'ajoutait la débauche. Nous avons su qu'il avait une maîtresse à Lhassa et il en prit rapidement une autre à Kyirong où les femmes étaient célèbres pour leur beauté. Il nous exhortait à suivre son exemple. Pour ma part, j'étais encore jeune et je me considérais strictement lié par mes vœux. Quant à Dawa, il finit par choisir une jeune fille, qu'il épousa par la suite quand il renonça à la vie monastique. Je n'ai jamais cédé, bien que le gouverneur m'ait sans cesse accusé de courir les filles.

Nous n'étions pas mieux traités par les domestiques. Dawa, en tant que cuisinier, se faisait tout le temps réprimander. Je devais faire le lit du gouverneur, nettoyer sa chambre et me tenir prêt pour l'aider à s'habiller. Il me criait souvent d'apporter ses vêtements alors qu'il était encore au lit avec sa maîtresse. Quelqu'un eut la bonne idée de lui offrir un petit singe, je fus chargé de m'en occuper, je devais le tenir au chaud dans le creux de ma chemise. C'était un gentil petit singe, mais très sale. C'était inutile de se plaindre, le gouverneur était toujours de méchante humeur et n'hésitait jamais à nous maltraiter ou nous insulter, même à tort ; il le fit une fois m'accusant d'avoir chipé une de ces coûteuses cigarettes.

Le plus grave est qu'il était cruel avec les paysans et avec tous ceux qu'il n'aimait pas. Si, par malheur, il perdait son sang-froid, il allait jusqu'à battre les gens de ses propres mains. Un moine infortuné croupissait en prison, le gouverneur le battait tous les jours pour la seule raison que sa pauvreté le soustrayait à l'impôt. Pour ma part, je n'ai jamais rencontré un fonctionnaire tibétain de cette espèce. Il fut immédiatement impopulaire, car il essayait par tous les moyens imaginables de se faire de l'argent. Les alentours de Kyirong foisonnaient d'animaux sauvages et de léopards. Il avait mis au point un commerce de peaux, en envoyant les villageois traquer les bêtes, et bien sûr il ne les payait pas, prétextant qu'il leur rendait service en les débarrassant des léopards. Son homologue laïc était un homme de caractère courtois, il n'avait aucunement le pouvoir de le contraindre. Je crois qu'il avait envoyé un rapport à Lhassa.

Voici comment les léopards se faisaient piéger. Le trappeur construisait une petite cabane divisée en deux par un mur percé d'un trou. De l'autre côté, contre le mur opposé, il attachait une chèvre. Une lourde poutre de bois venait se placer en équilibre au-dessus du trou et, dès que le léopard essayait de s'y glisser, la poutre tombait et l'assommait. C'était un acte grave et lourd de conséquences pour un moine, il prenait la vie et, plus grave encore, il gagnait de l'argent ainsi. Cette chasse aux léopards me faisait cruellement souffrir. Le gouverneur avait acheté à bas prix un bon troupeau de petits poneys népalais qui avaient la gale. Il m'ordonna de les soigner en les frottant avec de la graisse de léopard. Ce traitement empestait et ne fit pas grand bien aux poneys. Deux d'entre eux moururent rapidement et je me retrouvais couvert de plaques rouges en n'ayant rien d'autre que de la vaseline pour me soigner. Il me fallut plus d'un an pour en venir à bout.

Il avait l'art de plonger les gens dans la difficulté. Il leva des impôts sans en avoir le droit et comme il ne se plaisait pas dans le *dzong*, il ordonna, aux frais du village, la construction d'une vaste villa. C'était un être malfaisant. Bien entendu, il ne nous donna pas le salaire qu'il nous avait promis. Nechung Basta comprit vite et prit le large au bout de quelques semaines. Puis Dawa se maria et ne fut pas long à partir. Je décidai d'attendre encore en espérant qu'il finirait par me payer, et je restai ainsi deux ans à Kyirong. Il me promettait toujours mon salaire, mais ne voyant jamais rien venir, je perdis patience et l'informai de mon départ. Comme à son habitude, il se mit à hurler. Il ne m'avait toujours pas payé et je décidai d'emporter quelques objets de valeur, un bon cheval, un couteau entre autres choses. Je ne lui ai pas caché ce que j'emportais, il était noir de colère, mais je savais qu'il n'oserait rien faire, il avait trop peur que je rapporte ses activités aux autorités.

Je pris seul le chemin du retour. Il me mena au Tashilumpo, mais cette fois, l'escale fut triste, plusieurs personnes avaient été emportées par une crue dévastatrice, à Gyantsé surtout et en aval. En arrivant près de Tshapanang, j'échangeai mon cheval contre deux ânes et un bœuf que j'avais l'intention de laisser à mon père. En approchant du village, je me sentais léger et gai, pas pour longtemps malheureusement. Dès mon arrivée, j'appris la mort de ma mère. Ma famille n'avait pas réussi à me prévenir à Kyirong. Mon père était affligé et méconnaissable. Ma mère me manqua singulièrement, nous étions unis par un lien intense que mon entrée au monastère n'avait pas affaibli.

A sa mort, ma mère avait laissé des instructions pour que j'hérite de ses deux champs qu'elle avait reçus du monastère. J'en parlai avec mon père. Plusieurs possibilités m'étaient offertes : je pouvais les lui vendre ou à n'importe qui d'autre, je pouvais rester propriétaire et les faire cultiver, et dans ce cas ils reviendraient au monastère à ma mort. Finalement, nous avons décidé de les mettre au nom de mon père, à charge pour lui de me fournir une bonne quantité d'orge et de produits de base chaque année. De cette manière, ces terrains resteraient dans la famille après ma mort. Il arrive que des moines possèdent des terres et des troupeaux. Ils s'enrichissent alors assez facilement car ils payent très peu d'impôts, mais à leur mort, ces biens reviennent à leur collège plutôt qu'à leur famille.

Après ces quelques jours chez mes parents, je suis retourné à Sera où j'ai retrouvé Sonam.

En ce qui concerne le gouverneur de Kyirong, la population n'a pas pu le supporter beaucoup plus longtemps, ils ont acheminé une pétition à Lhassa. Ils prévenaient le gouvernement qu'ils abandonneraient leur village et s'en iraient au Népal si ce gouverneur restait en poste. Le représentant de Kyirong qui apporta la pétition au gouvernement sut le convaincre de leur détermination, en insistant sur la perte de revenus que leur départ provoquerait, et sur la honte qui rejaillirait sur le pays tout entier. Une enquête fut ordonnée et le gouverneur renvoyé et condamné. Le prix à payer avait été élevé pour les habitants de Kyirong, mais cet exemple incita les gouverneurs à être plus scrupuleux.

A son retour à Lhassa, accompagné de Nechung Basta, nous avons une dernière fois essayé de nous faire payer. Mais il était aussi hargneux et brutal que d'habitude et nous n'avons rien obtenu. Pourtant, tout le monde avait pu se rendre compte quelle personne méprisable il était.

Lhassa et Nyemo

Les choses avaient changé quand je suis revenu à Lhassa. Il y avait beaucoup plus de Chinois, de nouveaux immeubles avaient été bâtis pour les héberger. Les Chinois intervenaient dans notre vie à différents niveaux. Certains objets utiles firent leur apparition, comme des voitures tirées par quatre chevaux équipées de pneumatiques, ainsi qu'une version légère tirée par un seul cheval. Ils importèrent également des bicyclettes, qui furent immédiatement adoptées par les jeunes et les commerçants. Le nouvel hôpital eut lui aussi un certain succès, mais en ce qui concerne les nouvelles écoles, nous étions plus réservés. Les monastères se méfiaient de l'enseignement qui y était dispensé. Car à ce moment-là, la propagande chinoise répétait sans relâche que tous les citoyens étaient égaux et que la religion était inutile. Ils nous projetaient souvent des films qui traitaient la plupart du temps de la guerre, des exploitations agricoles et des usines chinoises. Tous sans exception vantaient la puissance des communistes. Les habitants de Lhassa préféraient de loin aller voir les illusionnistes et les acrobates.

La plus grande activité des Chinois se concentrait sur l'édification d'un système routier reliant la Chine au Tibet, Lhassa à Shigatsé et aux autres villes. Ils payaient bien les ouvriers tibétains quand ils en embauchaient, mais le plus souvent ils utilisaient leurs prisonniers, c'était moins cher. Toutes ces routes apportèrent un important trafic, on vit arriver d'énormes camions, nous étions particulièrement incommodés par le bruit et les odeurs. Dans les villages, les Tibétains souffraient doublement par ces routes : d'un côté, ils louaient de moins en moins de chevaux et de mules, et d'autre part, le macadam, trop dur, abîmait les sabots des bêtes. Pour quelques villages éloignés dont les revenus venaient de la vente de la laine, l'arrivée des Chinois signifia une belle augmentation de leurs gains. Ils envoyaient chercher la laine par camions entiers, mais dès qu'ils eurent le monopole de l'achat, ils fixèrent des prix très bas et les villageois ne furent plus si contents de leurs clients.

Puis cette histoire revint de Kongbo, portée par un moine qui rentrait : les Chinois pillaient la forêt, pour avoir du bois de construction et de chauffage. Ce faisant, ils détruisaient toute la faune, les daims et les ours. Sur ces terres défrichées, ils s'enorgueillissaient d'avoir fait pousser des pommes de terre grosses comme le crâne d'un homme adulte. Les villageois regardaient ça comme un très mauvais présage.

Il apparaissait clairement que le plus grave problème que posait la présence des Chinois, c'était qu'ils achetaient toutes les récoltes et tous les légumes pour nourrir leurs soldats. En conséquence, les prix montaient chaque jour et les pauvres devenaient de plus en plus pauvres. D'autre part, l'inquiétude et le mécontentement grandissaient depuis qu'ils avaient emmené le Dalaï-Lama à Pékin et qu'on était sans nouvelles de lui.

Finalement, tout ceci m'affectait assez peu à cette époque, j'étais à présent ordonné *dob-dob* et je me réjouissais d'être de nouveau dans mon *kyidu*, de prendre une part plus active aux exercices. Je m'entraînais au saut en courant avec des bottes remplies de sable. Comme j'avais même un peu d'argent à dépenser, je me rendis à Lhassa pour m'acheter une nouvelle tenue. Les *dob-dob* sont très attentifs à leurs vêtements, ils en prennent grand soin. La robe doit être coupée dans un drap de laine fin, d'une très belle qualité et d'une couleur sombre assez particulière. La jupe doit comporter de nombreux plis plats, à la manière d'un kilt. Dans nos chambres, nous les aplatissions en glissant nos jupes sous la planche qui nous servait de banc. J'avais désormais le droit de laisser pousser mes cheveux. La longueur et la coupe obéissaient à des règles précises : le côté droit est soigneusement lissé vers le bas, et le gauche, relevé en une grosse boucle. Nous faisions attention d'être toujours bien coiffés et enduisions généreusement nos cheveux de vaseline.

J'étais rentré de Kyirong depuis un mois. Je me débrouillais assez bien, j'évitais pas mal de travaux, mais je faisais plusieurs rondes par jour à travers le collège pour m'assurer que les moines âgés ne manquaient de rien. Ce rôle incombait aux *dob-dob*. De la même manière, quiconque était malade ou avait simplement besoin d'aide s'adressait aux *dob-dob*.

J'avais assez de temps libre, et avec un groupe d'autres moines, j'allais à Lhassa presque tous les jours. Certains *dob-dob* allaient au restaurant, dans une salle de jeu ou encore courir les filles, mais tout ceci ne m'intéressait pas. Je préférais retrouver les danseurs et les musiciens et jouer de la flûte.

D'autres fois, nous rendions visite aux Lorogpa – gitans tibétains –, qui passaient par Lhassa chaque automne. Comme certains gitans d'Europe, ils maniaient bien les chevaux, leur faisaient exécuter mille tours et connaissaient toutes les astuces pour cacher leurs défauts et les vendre au meilleur prix. Ils étaient faciles à reconnaître, leur manteau pendait toujours d'un côté, celui de la poche qui regorgeait d'objets de toutes sortes, de sacs de farine en peau de marmotte, de théières faites de bouts de métal disparates. Ils n'étaient pas très aimés en tant que tueurs de marmottes, les gens se méfiaient d'eux. Quand elles sont traquées, les marmottes sont très émouvantes ; quand elles se sentent acculées, elles regardent le chasseur en joignant les pattes avant comme pour demander grâce, elles ont l'air vraiment pitoyable. Nous les connaissions assez bien, car ils venaient à Sera pour acheter les feuilles de thé, la farine et le beurre des offrandes retirées des autels. Il nous était formellement interdit d'acheter des sacs en peau de marmotte, ces choses-là n'ont pas leur place dans un monastère. Nous utilisions des sacs en coton.

Cette année encore, je me rendis à Lhassa pour la Grande Prière. Il y avait de sérieux problèmes avec les Chinois. Une vague de protestation s'était répandue dans la ville lorsqu'ils avaient essayé d'usurper l'autorité du Shengo afin de contrôler Lhassa. Shasur Teji m'offrit l'hospitalité. Je fus engagé dans une bagarre. Un matin, alors que j'étais sorti de bonne heure pour aller réserver ma place au Jokhang, je tombai nez à nez avec un groupe de *dob-dob* de Drepung, ils me questionnèrent, ils voulaient savoir qui j'étais, et d'où je venais. Quand je répondis que j'étais de Sera, ils me couvrirent d'injures et menacèrent de m'enlever. Ils s'étaient resserrés autour de moi et s'apprêtaient à m'attraper. Pour me dégager, je fis tournoyer ma clef, et, tout en les menaçant, je m'éloignai dans une attitude de défi. Ils me laissèrent partir et ce n'est qu'un moment plus tard que je m'aperçus que je saignais. L'un d'entre eux m'avait certainement planté une fine lame dans le côté droit, sans que je m'en aperçoive. Ils ne devaient pas s'en tirer comme ça et je tentai de rassembler mes amis pour leur donner une leçon. Ils me déconseillèrent vivement d'engager une bagarre au moment de la Grande Prière, je risquais une punition sévère. Puis, finalement, quelques jours plus tard, je croisai l'un de mes agresseurs seul, je lui assénai un bon coup de clef sur la tête, il me saisit à la gorge et le combat eut lieu. De nombreux moines formaient un cercle autour de nous et, heureusement, un aîné de Sera parvint à nous séparer et à nous faire entendre raison, et nous n'en avons jamais plus entendu parler. Le Shengo avait bien trop à faire avec les Chinois pour s'intéresser à des broutilles. En revanche, si cela avait dégénéré en bataille rangée, nous aurions eu des problèmes.

Les fêtes de Nouvel An étaient à peine terminées, quand un moine plus âgé de Sera me présenta un de ses cousins, trésorier d'une famille noble, qui cherchait un assistant pour l'accompagner dans leur domaine de Nyemo à l'est de Lhassa. La dernière fois, j'avais souffert du fait du gouverneur, mais j'avais apprécié le travail à Kyirong. De toute façon, je me sentais prêt à m'éloigner du monastère et retrouver un peu de liberté, j'espérais seulement un bon patron. Je fis la connaissance de ce trésorier et il me parut aimable et drôle. De mon côté, je lui fis bonne impression et il me demanda de l'accompagner. Notre départ pour Nyemo était prévu au printemps. Il s'appelait Chandzo Kargye, c'était plutôt un surnom qui le comparait aux ornements de beurre qui décorent les poignées des jarres de bière. Il avait une large tête ronde encadrée de deux grandes oreilles décollées.

Avant mon départ de Lhassa, ce fut mon tour de monter allumer l'encens sur les collines autour de Sera. Ce devait être le quinzième jour du deuxième mois, j'ai fait équipe avec Sonam. A la moitié de chaque mois, on choisissait, parmi les *dob-dob* de Drepung et de Sera, ceux qui seraient chargés de monter dans les collines allumer des grands brasiers d'encens dont les colonnes de fumée s'élèveraient jusqu'à l'aube de toutes les pentes. Les nobles pieux fournissaient l'encens ainsi qu'un peu d'argent et de thé pour les grimpeurs. Au petit matin, les habitants de Lhassa pouvaient admirer ces piliers de fumée qui prolongeaient chaque sommet, l'air frais à ce moment-là était encore délicatement parfumé, et le réveil ce jour-là était un moment prodigieux.

L'un de ces sommets est plus élevé que les autres, et ceux qui s'y rendaient partaient un jour entier avant les autres. Ce parcours n'était pas le plus prisé depuis qu'un moine avait été enlevé par un *dzami*, une autre espèce d'ours-homme, que vous appelez, je crois « abominable homme des neiges ». Ceux-ci jettent violemment des pierres, mais ils ne peuvent viser qu'en se plaçant la tête en bas, entre les pattes.

La colline où Sonam et moi devions grimper n'était pas très haute, mais le chemin était assez escarpé. C'était une grande joie de voir s'élever l'épaisse colonne de fumée et de regarder les centaines d'autres lui répondre.

J'étais le seul assistant de Chandzo Kargye, notre équipage était bien simple à côté de celui du gouverneur de Kyirong, trois années auparavant. La région que nous traversions m'était totalement inconnue, nous étions partis vers le nord-ouest, empruntant la nouvelle route chinoise à travers la vallée de Tolung à environ douze kilomètres de Lhassa. Cette nouvelle route reliait un terrain d'atterrissage construit sur un plateau à environ cent cinquante kilomètres au nord. Nous avons rapidement quitté la route pour bifurquer vers l'ouest en direction du grand monastère Karmapa à Tsurpu. Ensuite, à travers d'immenses pâturages, nous sommes passés par un col assez facile d'accès d'où on pouvait observer les sommets enneigés de la chaîne Nyenchen Thangla. Nous avons campé une nuit sur ces sommets, une nuit semblable aux nuits passées avec les *drokpa*. Après la plaine herbeuse, nous avons pénétré une vallée oblongue à l'herbe grasse, nous entrions dans Nyemo. Il nous fallait encore continuer, traverser une gorge étroite pour arriver dans une vallée un peu plus bas où se cachaient, derrière les bosquets de saules et de peupliers, les monastères et les maisons. Avant d'atteindre le domaine de Nyemo Dongkar, nous nous sommes arrêtés pour changer de vêtements afin de faire bonne impression à notre arrivée. Ensuite, nous avons chevauché élégamment vers le *dzong* où l'intendant et les villageois nous attendaient avec du thé et des *khata* de bienvenue.

Le *dzong* était une construction ancienne de neuf étages. Elle avait été un jour une magnifique demeure mais aujourd'hui, elle s'effondrait, les derniers étages n'étaient plus utilisables. Les pièces du bas demeuraient confortables et la vue dominait un joli petit bois où coulait rapidement une rivière de montagne. L'intendant m'alloua une bonne chambre et un domestique pour s'occuper de mes affaires. Juste au-dessus de ma chambre, dans un petit oratoire, j'entendais vivre un vieux moine, les pratiques rythmaient sa journée, clochettes et tambourins résonnaient très tôt le matin jusque tard le soir. Sous un coin du toit, un tout petit autel était dressé et les jours où la grêle menaçait, un prêtre *bön*, habillé de blanc, tentait de la tenir éloignée par des rituels.

Nous étions onze à habiter cette maison et à travailler pour le domaine. Le contremaître sonnait le réveil à cinq heures tous les matins, à l'heure où le coq enfile son pantalon, comme dit l'expression tibétaine, et appelait tous les paysans aux champs. Je me levais un peu plus tard, déjeunais de soupe ou de thé, et m'acquittais de ma première tâche qui consistait à préparer les rations de thé et de *tsampa* de la mi-journée pour tous ceux qui travaillaient à l'extérieur. Je servais généreusement sans essayer de mesurer la quantité exacte, je savais que le *chandzo* était bon avec les villageois et ne voulais pas être radin. D'ailleurs, il restait à la maison la plupart du temps et m'envoyait surveiller le travail dans les champs. Ici, le climat était tempéré et la terre fine et caillouteuse, mais cette vallée n'était pas très fertile. Les paysans étaient bien plus pauvres qu'à Kyirong. L'année précédente, les récoltes avaient été si mauvaises que le gouvernement avait dû leur donner de l'orge pour survivre. Pour la même raison, les paysans avaient également dû emprunter des semences au gouverneur.

Si je voulais, je pouvais me contenter de m'asseoir dans un coin et les regarder travailler, mais j'aimais prendre part aux travaux des champs. Je ne labourais pas, bien entendu, mais je participais à l'irrigation, aux semailles et à la moisson. Les habitants de Nyemo étaient beaucoup plus réservés et d'un abord moins facile que ceux de Kyirong. J'eus un peu de mal à m'imposer, comme j'étais encore jeune et assez petit de taille, certains d'entre eux eurent l'impression qu'ils pouvaient faire ce qu'ils voulaient, et, comme tous les villageois, ceux de Nyemo essayaient toujours de s'en tirer au meilleur compte. Dès les premiers jours, je remarquai quelques tire-au-flanc et particulièrement un jeune homme qui bâclait les labours. Je décidai de marquer le coup, et allai me placer devant sa charrue pour l'arrêter. Il me cria de dégager son chemin, je ne fis rien et décidai de lui flanquer un coup de bâton. Le jeune gars se rebiffa, me poussa à terre et m'insulta, jurant qu'il ne recevait pas d'ordres d'une fille. Je me relevai, pris une posture de défi et en bon *dob-dob,* je l'invitai ainsi que ses copains à un combat régulier. Pas un seul n'a osé accepter. Ayant repris le dessus, je m'armai de mon fouet et lui en assenai quelques coups pendant que les autres prenaient la fuite. Un peu plus tard, Chandzo Kargye eut vent de l'affaire et fit fouetter ces jeunes gens.

Une autre fois, j'ai surpris le fils d'un gros paysan qui piétinait les jeunes pousses avec un âne et un bœuf. Je l'emmenais voir le *chandzo* quand son père, qui devait se prendre pour un homme important, surgit en hurlant furieusement, criant au scandale et m'accusant d'être le fauteur de troubles. Il en fallait plus pour me démonter et je les conduisis tous les deux à Chandzo Kargye qui les fit fouetter sans délai, juste assez pour leur faire entendre raison. Après cet incident, je n'avais plus à m'en faire. Il m'est arrivé quelquefois de punir légèrement les gamins qui rampaient au milieu des jeunes pousses de pois et de haricots. Couchés sur le dos pour ne pas être vus, ils en ramassaient le plus possible.

Une autre de mes tâches était de collecter la taxe que les fermiers payaient quand ils venaient couper des branches de saules dont ils se servaient pour réparer leurs toits. Tous les arbres autour de la maison étaient élagués et l'argent qu'ils rapportaient servait à réparer le *dzong*.

En apprenant à connaître ces villageois, je commençais à les aimer, et de leur côté ils m'appréciaient mieux, ils avaient remarqué que je n'hésitais jamais à les aider s'ils étaient consciencieux. Chandzo Kargye était un très bon maître, il connaissait chaque famille, n'acceptait jamais de pot-de-vin, n'abusait jamais de son pouvoir ou de ses privilèges.

Au moment de la levée de l'impôt, le *chandzo* a rencontré plusieurs fois le gouverneur de la province qui réside à Mongkhar Dzong, afin d'alléger au maximum le montant de l'impôt pour les habitants de Nyemo. Les villageois lui en ont toujours été reconnaissants. Chandzo Kargye était d'une compagnie agréable, généreux et souriant. J'étais bien nourri, je recevais de bons vêtements et un salaire de cinq boisseaux de grains par mois que je pouvais à ma convenance échanger contre l'équivalent en *tsampa*, en beurre ou en viande. Chandzo Kargye me gratifiait régulièrement de petites sommes d'argent. Par ailleurs, j'avais des domestiques et un bon cheval quand j'en avais besoin. La vie s'écoulait paisiblement, entrecoupée de quelques fêtes chez d'autres intendants de domaines ou de visites au monastère voisin.

La moisson était la saison la plus active de l'année, les journées étaient bien remplies et j'aidais le *chandzo* à s'assurer que nous obtenions bien notre part des récoltes. Les femmes maniaient leur faucille avec dextérité, l'orge s'entassait rapidement sur l'aire de battage. Ensuite, le bétail le piétinait longtemps, puis les hommes prenaient la relève avec le fléau. Les femmes les rejoignaient, et ils vannaient le grain ensemble ; elles soulevaient des poignées d'orge, laissant la brise séparer le grain de la balle ; ils se servaient d'une fourche. Les jours d'automne à Nyemo étaient longs et chauds, le travail se prolongeait souvent tard dans la nuit. Une chanson accompagnait chaque activité et j'aimais les entendre s'élever le soir, à l'heure où seule la lune éclairait l'aire de travail. Quand toute la récolte était enfin à l'abri, les ânes étaient couverts de poussière et de paille, et c'était le grand plaisir de tous les enfants de les emmener à la rivière pour les laver. La fête des moissons pouvait commencer.

Tout était calme et paisible à côté de Lhassa ou même de Kyirong. Nous n'avons vu aucun Chinois durant notre séjour, ni entendu grand-chose à leur sujet à Nyemo. Chandzo Kargye recevait des nouvelles de Lhassa et il était assez inquiet ; les Chinois semblaient frayer leur chemin à travers le pays. Et puis, il y avait aussi les mauvais présages. Un enfant à deux têtes était né dans une partie reculée de

Nyemo, puis une mule avait accouché d'un poulain. L'enfant et le poulain sont morts peu de temps après leur naissance, ceci laissait présager des troubles.

Je serais bien resté un an de plus à Nyemo, mais à peine avions-nous terminé les moissons, qu'on me demanda de rejoindre mon *khamtsen*. Je devais jouer du *gyaling* pendant la cérémonie du Nouvel An à Sera, il fallait que je me prépare. Le moment venu, on m'habilla d'un superbe costume de fête, de bottes de brocart aux hautes semelles blanches. Je reçus également un bonnet-crête jaune tout neuf et une housse de brocart pour la bouteille d'eau que je portais à la ceinture. C'est l'unique fois de ma vie où j'ai joué du *gyaling* pour une cérémonie ; quand ce fut de nouveau mon tour, j'ai payé quelqu'un pour me remplacer.

Quelques mois après mon départ de Nyemo, j'ai appris qu'un groupe de Chinois s'y étaient installés. Ils donnaient des conférences aux paysans sur l'agriculture en leur expliquant qu'ils ne devaient pas gaspiller d'argent pour des offrandes religieuses, et leur parlaient d'égalité avec les propriétaires.

Marchand de thé à Lhassa

Sur le chemin du retour, je m'arrêtai quelques jours chez mon père. Les Chinois lui faisaient une sérieuse concurrence, ils transportaient les produits en jeep ou en carrioles, et de moins en moins de marchands avaient besoin de ses animaux de bât. Ils n'étaient pas encore très présents dans les villages, ils les traversaient en s'arrêtant quelquefois pour lire des textes de propagande. Je pensais qu'il était temps que j'aie une chambre à moi au *khamtsen*, aussi je proposai à mon père de m'en acheter une. Il fut tout de suite d'accord ; d'ailleurs, il s'était toujours montré très généreux et, de plus, il avait été gagnant en récupérant les deux champs de ma mère. C'est dans l'espoir de trouver rapidement une chambre à vendre que je rentrai au monastère. En attendant, je m'installai avec Tashi Tsering. Il me conseilla de me poser, de chercher un maître, de couper cette longue mèche et d'assister aux assemblées. Je fus certain que mon oncle m'aurait dit la même chose, mais entre-temps, il avait été nommé abbé d'un grand monastère au Népal, c'était maintenant un homme riche et célèbre.

Je dénichai rapidement mon havre, c'était une petite chambre équipée d'un minuscule coin cuisine, la vue donnait sur un étroit passage entre deux hautes bâtisses, mais c'était propre et c'était chez moi. Les meubles que m'avait offert Chandzo Dote à mon départ du *labrang* allaient enfin trouver leur place. Je reçus également des tapis de mon père et mes économies suffirent à acquérir le reste. Ce fut le meilleur moment que je passai à Sera. Mon intérieur était très propre, d'ailleurs c'était très rare qu'un moine soit désordonné ou négligent sur la propreté de sa chambre. Au fond de la pièce, bien sûr, il y avait un petit autel soigneusement dressé contre le mur, portant les statues religieuses, des petites lampes à beurre, de l'encens qui brûlait tout au long de la journée, et les petits bols d'eau pure. Pour ma toilette, j'avais disposé dans un coin une bassine, une serviette, mon savon *Sunlight* et le broc d'eau que je faisais remplir chaque jour par les domestiques des cuisines en échange d'un petit pourboire. Je me sentais très privilégié d'avoir ma propre chambre, car de nombreux moines pauvres habitent longtemps dans un dortoir au-dessus de la cuisine. Il n'y a aucune honte à cela, et les plus intelligents étudiaient farouchement afin de devenir de grands lettrés, d'avoir leurs élèves et leur appartement. Ceux qui n'avaient pas cette chance recevaient une chambre du monastère quand ils commençaient à vieillir. Quelques-uns devenaient un peu excentriques. Il y en avait un au collège qui passait toutes ses journées à méditer seul, sa chambre était complètement vide et il avait vraiment l'air très pauvre, mais les gens lui donnaient de nombreuses aumônes et il avait amassé un bon nombre de pièces en argent. Il nettoyait et polissait chaque pièce avant de la ranger dans un sac caché dans un trou creusé dans le mur de sa cellule, masqué derrière le plâtre. Quand il sut qu'il allait mourir, il dessina un pigeon devant sa cachette et inscrivit ce vers : « Si le pigeon meurt, ouvrez son poitrail ». Quand on le trouva mort, le *khamtsen* paya ses funérailles et attribua la chambre à un autre moine. Par la suite, le nouvel occupant se dit que ces mots devaient avoir un sens, il creusa à l'endroit où était dessiné le pigeon et trouva l'argent. Un autre de ces vieux moines était vraiment vêtu de haillons, mais quand il mourut, on trouva une pièce d'argent cousue dans chaque pli de sa robe. Parmi ceux qui méditaient toute la journée, il y en avait un qui se concentrait sur Drolma avec une telle force que la déesse lui apparaissait chaque jour dans sa cellule.

En dépit des précieux conseils de Tashi Tsering, je n'étais pas prêt à me poser, je trouvais que c'était bien plus agréable d'être un *dob-dob*. Je recevais souvent mes amis de la *kyidu,* nous faisions la cuisine ensemble et passions la soirée à bavarder, à jouer aux dominos ou à chanter. L'hiver, pour avoir plus chaud, nous installions un brasero au centre de la pièce qu'on alimentait avec des crottes de chèvres mélangées à du charbon de bois.

Le soir, nous devions réintégrer nos chambres après le dernier office, et les surveillants faisaient une ronde pour s'assurer que tout était calme et les lampes éteintes. Nous savions à quel moment ils passaient, alors nous nous couchions à plat ventre dans le noir et dès qu'ils étaient passés, nous rallumions et restions ainsi à bavarder ou à jouer jusque tard dans la nuit. Puis, s'il faisait froid, nous attrapions n'importe quelle couverture et, roulés en boule, nous dormions tous dans la même chambre. D'autres fois, c'était un autre membre du *kyidu* qui recevait, la soirée se déroulait de manière semblable, mais le matin nous étions toujours à l'heure pour l'entraînement.

A côté des moines érudits, nous, les *dob-dob*, n'apprenions vraiment rien. Nous n'assistions aux assemblées que les jours où avait lieu une bonne distribution d'argent et de nourriture. Ces jours-là, nous prenions bien soin de cacher notre longue boucle. Ils nous arrivait quelquefois d'aller écouter les étudiants débattre dans le bosquet de peupliers, ils nous amusaient et nous imitions leurs attitudes : larges mouvements des bras, savants piétinements, battements de mains et hurlements à chaque point marqué. Nous retenions certainement un peu du sujet débattu, mais notre principale motivation était bien de faire un bon repas et de grappiller un peu d'argent quand des dons étaient distribués.

Une des tâches des *dob-dob* consistait à servir le thé pendant les assemblées. Ce n'était pas un travail facile, et nous le réservions aux jeunes moines assez costauds. Les théières de métal étaient lourdes et encombrantes, le sol glissait terriblement car les moines jetaient à terre le beurre qui se déposait au fond de leurs bols. De temps en temps, nous lancions des pelletées de sable et une fois par an, on raclait le sol, et ce mélange de graisse et de sable était vendu aux gens de l'est qui s'en servaient comme encens ou comme médicament. L'odeur était épouvantable, mais comme ça venait du monastère, les gens prêtaient à cette mixture de nombreuses vertus. Le service du thé donnait lieu à quelques brutalités : si un *dob-dob* croisait par hasard un rival dans la cuisine, il n'hésitait pas à lui foncer dedans, théière en avant, et à le plaquer contre le mur. Les serviteurs laïcs préparaient le thé. Ces domestiques de cuisine passaient leur journée à chaparder, ils prélevaient le milieu des mottes de beurre, laissant les entamées intactes. Ils n'avaient pas le droit de porter de pantalons à l'intérieur du monastère, et ils en profitaient pour fixer un sac de cuir sous leur jupe qu'ils laissaient pendre entre leurs jambes et dans lequel ils enfouissaient leurs larcins. Ils n'hésitaient pas non plus à détourner les offrandes, ils persuadaient les pauvres gens qui voulaient faire une offrande au monastère de la leur confier et s'appropriaient le thé et la farine au lieu de les donner aux moines.

Les plus forts des *dob-dob* aimaient participer à la préparation du thé, ils tournaient les barattes dans lesquelles on mélangeait le thé au beurre. En fait, ils s'amusaient à montrer leur force en plongeant le manche de la baratte si violemment qu'ils éclaboussaient jusqu'au plafond. Pour ne pas salir leur robe, ils portaient d'épais tabliers de cuir, car les *dob-dob*, je l'ai déjà dit, aimaient être élégants. Les domestiques de cuisine quant à eux luisaient, couverts de beurre rance.

C'est en servant du thé que l'occasion de mon troisième combat se présenta. Un groupe de lettrés que je ne connaissais pas s'amusaient à planter une aiguille dans le plancher à quelques mètres d'eux et attendaient que quelqu'un marche dessus pour éclater de rire. Je fus ce quelqu'un. Quand ils se mirent à rire, j'allais leur donner mon avis sur la question. Cela ne les empêcha pas de continuer et de murmurer des insultes. Il n'était pas question de se battre dans la grande salle, mais je les prévins que je les attendrais dehors. En général, les lettrés évitent les combats, mais ils n'en firent rien et je les trouvai en sortant. Quand une bagarre se préparait, les moines, ainsi que les maîtres *dob-dob*, se rassemblaient en cercle autour des adversaires. Trois ou quatre lettrés marchèrent sur moi, je ne savais pas lequel attaquerait. La foule n'aurait pas permis qu'ils me chargent tous ensemble, cela était contraire aux règles. Ils détournaient mon attention et leur champion put alors m'assener un bon coup de clef sur la tête. Il m'avait bien touché et le sang me coulait sur le visage. Je me ressaisis vite, m'essuyai les yeux et armé de mon couteau, je lui fonçai dessus. Je l'ai eu à l'aine et il s'affaissa en faisant beaucoup de bruit. Ses amis le ramassèrent et disparurent, aucun d'entre eux n'osa plus m'approcher. La foule me criait des encouragements et les *dob-dob* qui regardaient de loin avaient l'air satisfaits. Si les autres m'avaient alors attaqué, mes amis seraient venus à la rescousse. Mais la règle était qu'à moins d'une bataille rangée organisée, les rivaux se débrouillent seuls. Rien ne se passa plus. Je crois que les surveillants n'en ont jamais entendu parler, ou alors ils ont décidé de ne pas s'en mêler. Peut-être que tout le monde pensait que ces lettrés étaient allés trop loin.

Cette année-là, mon père est venu me rendre visite pour les fêtes de l'Ache Lhamo. Les danseurs étaient choisis parmi les troupes qui venaient de tout le pays, à la fin de l'été, pour présenter leurs danses au Dalaï-Lama et, ensuite, tournaient dans les monastères et les maisons nobles. Les histoires étaient contées en chants et en récitations, à la manière d'un opéra rudimentaire ; entre chaque acte, la compagnie formait un cercle accompagné de cymbales, et les bouffons présentaient leurs interludes. C'étaient des troupes d'hommes et les rôles de femmes étaient interprétés, souvent très bien, par de jeunes garçons. Tous les Tibétains adorent Ache Lhamo et je crois qu'ils pourraient passer plusieurs jours à regarder le spectacle. Nous connaissions toutes les chansons par cœur et les entonnions à chaque occasion. Il n'était pas rare non plus de croiser sur une route de campagne un chemineau les chantant à tue-tête.

Notre *khamtsen* engageait toujours l'une des meilleures troupes et lui fournissait de somptueux costumes qu'on conservait pour l'occasion. C'était la coutume, car les baladins n'avaient pas de costumes, ceux-ci étaient toujours prêtés par le mécène. Nous donnions une grande fête qui commençait vers dix heures du matin et se prolongeait jusqu'à la nuit. Nous invitions notre famille et nos amis. Ils répondaient toujours à l'appel et venaient s'asseoir en cercle, parés de leurs plus beaux atours pour assister à la fête. Les dignitaires du collège et les maîtres s'installaient avec leurs amis dans une galerie qui dominait la cour. Nous nous mettions en quatre pour recevoir, et tout le monde avait le cœur léger.

Après la représentation, j'ai accompagné mon père, qui avait besoin de mon aide, bien que ce ne fût pas l'époque des moissons.

Il voulait me charger de convoyer les deux cochons annuels qu'il devait au monastère. Je devais aussi les amener chez l'homme chargé de les tuer et de les préparer avant de les présenter aux dignitaires. Il les achevait très rapidement en leur plantant une fine lame dans le cœur. Ensuite, il les traînait dans une source d'eau chaude qui coulait non loin de Sera et il les laissait tremper jusqu'à ce que tous les poils soient tombés. Ce n'est qu'à ce moment-là que je les chargeai sur un âne et les apportai au monastère. J'avais aussi d'autres colis que mon père voulait que je porte à Lhassa. D'autres fois, je me contentais de récupérer des paquets qui descendaient par la rivière et de les acheminer à Lhassa, ce qui prenait environ deux jours et demi, sans compter que je perdais souvent une journée en ville à rassembler tout ce que je devais rapporter. Enfin, j'étais assez occupé. Le soir, je jouais de la flûte ou je fabriquais des ornements en poils de yack que j'avais rapportés des *drok*. La maison n'a jamais plus été la même après la mort de ma mère, elle s'affairait tellement à prendre soin de nous. Ce fut la dernière fois que je pus aider mon père à la maison ; peu de temps après, mon mode de vie changea du tout au tout. Chandzo Dote me témoignait toujours de l'intérêt et avait un ami, un ancien *dob-dob* de Sera qui avait renoncé à ses vœux, s'était marié et tenait un petit restaurant à Lhassa. Un couple travaillait pour lui, ils tenaient le restaurant pendant que lui et sa femme fabriquaient des chapeaux et des bottes. Malheureusement, ce n'était pas de bons cuisiniers. Chandzo Dote, qui savait que j'avais appris à cuisiner, conseilla à son ami de me demander mon aide. Il me semblait que cela valait la peine d'essayer et je donnai mon accord, sous réserve que nous nous entendions bien. Ce restaurant se trouvait au sud de la ville, près de la maison de l'ambassadeur du Népal. C'était plutôt une sorte de café, ce qui était nouveau pour Lhassa. Nous ne servions que du thé indien, qui est plus facile à réussir que le thé tibétain et qui est très populaire. Nous faisions attention à ce qu'il soit très bon, quitte à le vendre un peu plus cher qu'ailleurs. Nous servions également des *mo-mo*, qui sont des brioches tibétaines fourrées, et une pâtisserie très montée. Nous n'avions pas de bière d'orge, mais nous vendions des cigarettes. La salle était spacieuse et rigoureusement propre. Notre rue était éclairée à l'électricité, et quelques maisons de lampes électriques, mais nous nous contentions des lampes à huile. C'était quand même beaucoup moins cher. Nous allumions la radio et, pour amuser nos clients, nous avions installé deux tables de *caram*. Le *caram* est un jeu indien, on joue sur un plateau bien lisse aux bords relevés et percés de trous dans les coins et sur les bordures. Le jeu consiste à envoyer les pions, qui sont plats et ronds, dans les trous en se servant d'un autre pion qu'on déplace d'une chiquenaude. Cela nous amenait pas mal de clients qui passaient la journée à jouer.

Je pris en charge la cuisine et l'organisation, et le couple employé s'occupait du service, de la plonge et du ménage. La première chose à faire était de s'occuper du combustible et de l'eau, il fallait en avoir suffisamment pour toute la journée. Ensuite, je sortais acheter la viande et demander au propriétaire la farine. Après seulement, je préparais les *mo-mo*, et les clients commençaient à arriver aux alentours de dix ou onze heures. Mes *mo-mo* étaient excellents et notre restaurant devint vite réputé, ce qui eut pour effet de me coincer dans la cuisine jusqu'à huit heures du soir. Après la fermeture, Chandzo Gyalpo, accompagné de sa femme et de leur petite fille, descendait pour dîner. Tout de suite après, je déroulais ma couverture et m'endormais sans façon. J'étais aussi chargé de tenir les comptes. Puis, Chandzo Gyalpo me faisant entièrement confiance, je dirigeai complètement la maison. Nous gagnions environ trois ou quatre livres par jour, le *chandzo* me donnait un salaire de trois livres par semaine ainsi que toute la nourriture que je voulais, ce qui équivalait à un bon traitement pour Lhassa. Son commerce de chapeaux et de bottes marchait bien aussi.

Notre clientèle était très variée. De jeunes nobles venaient jouer au *caram*, quelques étudiants passaient entre leurs classes ou à la fin de la journée. Il y avait aussi des Khampa, des musulmans du Ladakh, des Népalais et même quelques Chinois, principalement des musulmans du Sining, et, bien sûr, mes amis *dob-dob*. Dans la plupart des restaurants, on servait un verre de *chang* gratuit à chaque client qui arrivait, je faisais la même chose mais avec un verre de thé, c'était un bon moyen de s'attacher ses clients, et de les inciter à venir avec leurs amis.

Il m'arrivait d'avoir quelques ennuis avec des bandes de jeunes voyous, il semblait même que leur nombre avait augmenté depuis l'arrivée des Chinois. Nous les appelions « coupe-bourse », ce qui était leur exercice favori quand, par hasard, ils croisaient un villageois un peu naïf et trop confiant. On les attrapait quelquefois ; je me souviens de celui qui avait sectionné la ceinture d'un homme car il la croyait bourrée d'argent, et qui s'était retrouvé avec un simple livre de prières.

Certains d'entre eux servaient d'intermédiaires dans la vente de chevaux et touchaient le pourboire du vendeur et de l'acheteur. Enfin, ils étaient malhonnêtes et avaient très mauvaise réputation. Ils adoraient aller au cinéma qu'un noble avait ouvert en ville et où l'on projetait des films indiens. Ils auraient volé n'importe qui pour se procurer le prix du billet. Quand ils venaient au restaurant, ils passaient la journée à jouer au *caram* et à manger. La plupart du temps, ils partaient sans payer. Je tenais une liste de leurs noms et de leurs dettes, et quand j'estimais qu'ils me devaient des sommes trop importantes, je saisissais un de leurs biens, une bague ou un couteau. Il est arrivé que je récupère ainsi une bonne bicyclette après avoir obtenu, bien sûr, l'accord de Chandzo Gyalpo. Les autres restaurants avaient les mêmes problèmes avec eux, et j'ai entendu dire qu'un restaurateur excédé s'était emparé des vêtements d'un de ces voyous et l'avait chassé en slip. C'était un argument de poids d'être un *dob-dob* dans les discussions avec eux ! Ils savaient que je ne rechignerais pas à me battre et que s'ils me blessaient, ils auraient mon *kyidu* derrière eux.

J'avais tant à faire au restaurant que je ne trouvais pas le temps d'aller chez moi, mais mon père passait me voir à chaque fois qu'il était à Lhassa. J'avais toujours ma chambre à Sera et je figurais dans les registres du *khamtsen*, je devais donc y aller de temps en temps et apporter des offrandes. Quand les moines de Sera sont allés présenter un hommage au Dalaï-Lama et recevoir sa bénédiction, je me suis joint à eux, et au moment du Nouvel An, je suis allé passer deux jours au monastère. Tashi Tsering m'a aidé à décorer mon autel avec une tête de mouton ornée de beurre et un pot de pousses vert tendre. Ensuite, nous avons fait ensemble le tour des abbés et des lamas du grand monastère blanc pour leur offrir, comme le veut la coutume, des *khata* blanches et une pièce d'argent. En retour, ils nous donnaient un verre d'un thé spécial et les plats traditionnels du Nouvel An, des gâteaux, des saucisses et un gâteau de farine et de beurre. Cela prit les deux jours.

Ensuite, je suis retourné à Lhassa pour la Grande Prière mais je n'y ai assisté que les deux premiers jours ; j'avais du travail au restaurant et je n'avais pas besoin d'argent.

Je travaillais dur et cela me plaisait, seules me manquaient les séances d'entraînement avec les autres *dob-dob*. Néanmoins, je voyais souvent mes compagnons, à chaque fois qu'ils venaient en ville, et je connaissais maintenant pas mal de monde à Lhassa. Chandzo Gyalpo était satisfait, et il le fut encore plus quand je lui dis que je pouvais me passer du couple d'employés en prenant un jeune apprenti à la place. Je gagnais à présent pas mal d'argent et je n'avais pas beaucoup de temps pour le dépenser. Je fis l'acquisition de vêtements de qualité, d'une bonne épée, d'une bague et de quelques meubles pour ma chambre. Souvent, Gyalpo m'incitait à renoncer à mes vœux et à me marier. Il répétait que je deviendrais un commerçant prospère. Je tenais à rester moine et il m'arrivait de penser que je pourrais aller à Namye avec Tashi Tsering, j'ouvrirais un restaurant et il continuerait à coudre des vêtements.

En habitant à Lhassa, j'en appris bien plus sur les Chinois. Les Tibétains évitaient de leur parler ou de se lier avec eux, à l'exception des musulmans du Sining, qui n'étaient pas mieux traités que les prisonniers. Ils avaient été amenés au Tibet pour être assignés aux travaux les plus durs dans la construction de routes et dans le bâtiment. Ils souffraient aussi de la domination chinoise et nous laissaient entendre qu'ils se joindraient volontiers à une révolte contre les communistes. Les Chinois de leur côté avaient cantonné leurs troupes à tous les points stratégiques autour de la ville.

Il y avait un campement juste en face du Potala, d'autres à proximité de Drepung, de Sera et du Norbu-Lingka. Ils ont dû déplacer l'un des camps proche de Sera qu'ils avaient installé tout près de la chapelle de Lhamo, une déité protectrice. Toutes les nuits, les soldats entendaient une femme gémir et pleurer à l'intérieur du camp sans jamais pouvoir l'attraper. Ces pleurs les rendaient nerveux et ils ont préféré déménager.

La plupart des soldats chinois que nous croisions étaient plutôt jeunes et se conduisaient correctement. Il nous était plus difficile de supporter les activistes politiques qui se promenaient en ville. Je me suis introduit dans les cuisines d'un camp chinois, une nuit, avec l'aide d'un ami qui y travaillait. La nourriture était correcte. Les hommes prenaient un bol de riz dans un grand chaudron, se servaient de viande et de légumes, puis allaient s'asseoir dans un coin. Ils pouvaient se resservir par la suite. Avant de commencer à manger, ils levaient leur bol et le frappaient d'un coup de baguette en prononçant une sorte de slogan. Ils étaient bien entraînés et observaient une stricte discipline. Il m'arrivait de les regarder faire leurs exercices le matin, en short. A Lhassa, ils sortaient rarement de leur caserne, mais je crois que dans les villages, ils s'appropriaient la terre et la cultivaient.

Dans l'intention de faire une petite balade, je sautai dans un camion chinois qui passait. Je fus conduit devant l'officier qui, par l'intermédiaire d'un interprète me somma de m'expliquer. Quand je lui racontai que je voulais faire une promenade en voiture, il me fit emmener jusqu'à Dechen, à quelques kilomètres, puis me fit raccompagner à Lhassa.

Le gouvernement et l'administration devaient coopérer avec les Chinois, mais nous savions qui les aidait réellement et qui tentait d'entraver leur marche. Nagpo Shappé, par exemple, avait été capturé lors de la première attaque chinoise : ensuite, il avait séjourné en Chine et maintenant il leur était acquis, et on ne le voyait jamais sans ses gardes du corps chinois.

Ceux que les Chinois appréciaient recevaient des voitures dans lesquelles on les conduisait aux réunions politiques et aux fêtes. Les jeunes nobles qui étaient prêts à collaborer avaient une moto en récompense. Les nobles tibétains n'arrivaient plus à conserver leurs chevaux et ils avaient de plus en plus de difficultés à en emprunter pour se rendre aux cérémonies.

Les Chinois embêtaient la population par mille tracasseries. Ils se répandaient comme l'huile sur le papier, ça commence par une goutte et l'instant d'après il y en a sur toute la surface. Ils voulaient nous changer, se mêlaient de toutes nos coutumes. Il y avait des annonces dans des haut-parleurs et de fréquentes conférences pour vanter leur supériorité. Ils essayaient de monter les Tibétains contre les monastères, ils critiquaient les moines et s'en prenaient à mots couverts au Dalaï-Lama. Ils ont ramassé tous les mendiants de Lhassa et leur ont proposé du travail. Ceux-ci se sont empressés de répondre qu'ils n'en voulaient pas et qu'ils étaient très bien comme cela. Ils proposaient aux gens d'envoyer leurs enfants en Chine où ils pourraient recevoir une meilleure éducation. Mais seuls les plus pauvres acceptaient quelquefois ; alors, ils construisirent des écoles chinoises à Lhassa. Ils tuaient systématiquement tous les chiens errants, les gens racontaient que c'était pour les manger. Mais ils ne mangeaient pas les chiens galeux de Lhassa, ils achetaient de bonnes bêtes aux *drokpa*, on voyait souvent le corps de ces chiens pendre la tête en bas près de leurs casernes. Ça nous dégoûtait. Une autre de leurs habitudes insupportables était de brûler ensemble tous les déchets, ce qui dégageait une puanteur terrible. Les prix continuaient de grimper, et même si les Chinois offraient de bons salaires, personne ne voulait travailler pour eux. Personne ne parlait en leur faveur, sauf peut-être les habitants du Batang qui étaient sous leur influence depuis longtemps et qui leur servaient d'interprètes. Les Chinois avaient plus confiance en eux qu'en leurs compatriotes, et, d'ailleurs, ils avaient renvoyé tous les magiciens, dompteurs et acrobates qui avaient suivi les soldats.

Il y avait de temps en temps de sérieux accrochages. Les Chinois construisaient des routes à travers le pays, et l'une d'entre elles devait passer au beau milieu d'un domaine appartenant au collège Me de Sera. L'intendant leur refusa le passage et d'âpres discussions ont suivi. Un beau jour, les Chinois vinrent le chercher pour l'amener à une fête et ils insistèrent beaucoup pour qu'il aille avec eux. Persuadé que c'était pour le tuer, l'intendant demanda d'abord à faire un brin de toilette et en profita pour charger son arme et tira sur l'officier chinois en sortant. Ils l'emmenèrent et le retinrent prisonnier à Lhassa. Mais les moines et les abbés du collège Me protestèrent si vigoureusement qu'ils durent le relâcher. Ceci est juste un exemple de la tournure que prenaient les événements.

Le soulèvement de Lhassa

Cela faisait un an que je travaillais au restaurant de Chandzo Gyalpo quand les choses devinrent critiques. Le Dalaï-Lama et le Panchen-Lama rentrèrent de Pékin où ils s'étaient rendus sur invitation chinoise. Les nombreux Tibétains qui les avaient accompagnés nous révélèrent les projets chinois nous concernant et les traitements que subissaient déjà nos compatriotes des provinces d'Amdo et du Kham qui bordent le Tibet à l'est, le long de la frontière chinoise. Ils annonçaient l'imminence de troubles. En effet, des rapports rendant compte de batailles sanglantes ne tardèrent pas à nous parvenir. Les villages et les monastères étaient systématiquement bombardés, de nombreux Tibétains avaient été torturés avant d'être exécutés. La ville était sous pression et la colère grondait dans tous les cœurs.

Le soutien aux populations d'Amdo et du Kham s'organisa autour d'une association secrète, le Mimang – Parti du peuple –, constituée de nobles laïcs, de nombreux *dob-dob* et de quelques jeunes fonctionnaires. Chandzo Gyalpo était membre du Mimang et, grâce à lui, je fis connaissance avec des représentants des chefs de l'est qui menaient une résistance armée contre l'occupant. Cette armée de guérilla avait pris le nom de Chuzhi Gangdruk – « Quatre Rivières et Six Plateaux » –, ancienne dénomination de ces provinces frontalières. Le Mimang se chargeait de propager les nouvelles dans Lhassa, racontant les combats sans merci que les gens de l'Est menaient contre les Chinois. Il essayait également d'empêcher la fraternisation et tentait de convaincre les parents de ne pas envoyer leurs enfants dans les écoles chinoises.

Chaque jour avait un goût plus amer. Les moines étaient les opposants les plus farouches à ces nouvelles écoles. Leurs élèves recevaient un uniforme gratuit, composé d'un short, d'une chemise, d'une casquette chinoise et d'un foulard rouge qu'ils nouaient autour du cou. Ce foulard rouge incommodait tout particulièrement les moines, car il était identique à celui que le Dalaï-Lama leur remettait en signe de bénédiction. A chaque fois qu'ils croisaient un enfant portant ce foulard, ils le lui faisaient enlever. On a même raconté qu'un *dob-dob* avait étranglé un gamin avec le fameux carré de tissu. Les femmes qui entretenaient des relations avec des Chinois étaient menacées et parfois même battues. Les grandes affiches de Mao et de Staline que les communistes exposaient à tout va étaient toujours criblées de détritus.

Tout ceci rendait les Chinois de plus en plus hostiles. Tout d'abord, ils essayèrent d'obliger les abbés de Drepung et de Sera à leur remettre les armes de tous leurs moines. Pour les calmer, les autorités religieuses leur donnèrent une infime quantité d'armes. Ensuite, ils allèrent chercher un groupe de moines à Tashilumpo, monastère qu'ils tenaient en se servant du Panchen-Lama, et les cantonnèrent près de Sera, comme armée de moines dont ils se serviraient contre les moines de Lhassa.

Il y avait de plus en plus de discours diffusés par les haut-parleurs, qui eux aussi se multipliaient. Près du Jokhang, les Chinois exposèrent des portraits de monstres en affirmant que c'étaient des Américains. Sous chaque affiche, on pouvait lire : « Voilà vos amis, comment les trouvez-vous ? ». Ils projetaient de nombreux films à leur propre gloire, mais à chaque fois que Mao ou un dignitaire du régime apparaissait en image, le public sifflait et lapidait l'écran.

Par l'intermédiaire du Mimang, nous avons appris que des groupes de l'armée des « Quatre Rivières et Six Plateaux » s'enfonçaient vers le centre du pays dans une guérilla de plus en plus dure. Ils attaquaient les camps et les convois chinois, tentaient de couper les routes ; leurs opérations les rapprochaient de plus en plus de Lhassa. Leur chef, Gompo Tashi, était admiré de tous pour sa bravoure et son habileté au combat. Il venait quelquefois au restaurant pour rencontrer Chandzo Gyalpo. Il logea aussi chez mon père quand ils allèrent au-delà de Lhassa. De son côté, le général chinois en poste à Lhassa tenta de forcer le gouvernement à envoyer l'armée tibétaine contre les hommes du Chuzhi Gangdruk, mais en vain. La ville était au bord de l'explosion, et la population surexcitée.

Les fêtes du Nouvel An 1959 se déroulèrent dans un climat de tension extrême. Le Dalaï-Lama vint en personne prêcher au Jokhang. Dès qu'il eut rejoint son palais du Norbu-Lingka, la ville qui comme toujours à cette époque regorgeait de moines venus de tout le pays, prit des allures de ruche en colère. Les généraux chinois faisaient pression sur le Dalaï-Lama pour qu'il agisse contre les hommes du Chuzhi Gangdruk et pour qu'il les accompagne à Pékin. Les gens avaient peur qu'il se retrouve en terrain chinois sans protection. Ainsi, dès que le bruit se répandit que le commandant chinois avait convié Sa Sainteté à une cérémonie dans son camp près de Drepung et qu'il lui avait chaudement recommandé de venir sans escorte, Lhassa s'enflamma.

La nouvelle se répandit à travers la ville en un temps record grâce aux *radyabpa*, les hommes chargés de dépecer nos morts, qu'on utilise comme messagers en cas d'urgence. Les abbés de Sera, qui avaient eux aussi reçu l'information, rappelèrent immédiatement tous les moines qui vivaient à l'extérieur, principalement les *dob-dob* qui seraient utiles en cas de combat. J'empaquetai mes affaires, empruntai une bonne épée à Chandzo Gyalpo et rentrai rapidement.

Je retrouvai ma chambre où je m'installai en compagnie de quelques amis. Nous étions tous surexcités et haineux, nous parlions sans cesse d'attaquer les Chinois et échafaudions des plans pour protéger le Dalaï-Lama. Les chefs *dob-dob* réclamèrent les armes à leurs abbés, mais ils n'avaient que quatre cents fusils. C'était loin d'être suffisant pour mener une guerre. Puis, nous avons consulté l'oracle de Karmashar, le prophète de Sera. Il vint au monastère, entra en transe, il portait sa lourde robe et sa coiffe, mais, quoi qu'il ait dit, je ne crois pas que ce fut très utile.

Le lendemain, accompagné de quelques autres, je me rendis à Lhassa pour y trouver des armes. Je pensais m'adresser à Chandzo Gyalpo, j'étais certain qu'il serait à même de nous aider en raison de ses liens avec le Mimang. Nous l'avons trouvé surexcité, il brandissait un mauser de gros calibre et nous dit d'aller tous au Norbu-Lingka au plus vite.

Nous nous sommes pressés vers le palais, rejoignant en chemin un flot serré d'hommes et de femmes venus de toute la ville. Une foule compacte s'était amassée devant les grilles, quelques petits fonctionnaires regardaient les portes avec anxiété, les sentinelles impassibles étaient à leur poste de chaque côté. Beaucoup de gens pleuraient dans la foule, la consigne était de se coucher sur la route au moindre uniforme chinois. Les gens continuaient d'arriver, des cris s'élevaient ici et là, réclamant le départ des Chinois, l'indépendance et la liberté.

Deux voitures venaient de Lhassa tentant de se frayer un passage. Dans l'une d'elles, il y avait un fonctionnaire laïc qu'on ne reconnut pas tout de suite. C'était un véhicule chinois, le chauffeur était chinois et cela suffit pour déclencher des jets de pierres. La voiture dut s'arrêter. Les gens croyaient qu'ils venaient enlever le Dalaï-Lama. Les pierres continuaient de pleuvoir et l'homme fut touché à la tête. Son escorte réussit néanmoins à le tirer de là et nous avons appris plus tard qu'il s'agissait de Sampho Shappé, un membre du cabinet. Peu de temps après, une moto surgit et tenta de se faufiler vers le palais. Le conducteur était vêtu d'une chemise blanche et d'un pantalon sombre, il portait également une casquette chinoise et le petit masque de coton avec lequel les Chinois se protègent de la poussière. Tout de suite encerclé, il fut questionné sur sa destination. A ce moment-là, il se troubla et indiqua Sera, qui se trouvait dans la direction opposée. Les meneurs le fouillèrent et trouvèrent des grenades dans ses poches. Paniqué, il sortit son revolver, tira deux coups dans la foule. C'est à ce moment-là que quelqu'un le reconnut : il s'agissait du frère du lama Phagpa du Kham. C'était un allié et un homme de confiance des Chinois. Celui-ci était également moine et, d'habitude, il portait la robe, d'ailleurs il en avait une le matin même quand on l'avait vu quitter le Norbu-Lingka au moment où la foule commençait à se rassembler. Des cris d'« espion chinois » s'élevèrent de la foule, et la rumeur l'accusait de s'être déguisé pour tuer le Dalaï-Lama. En un éclair, nous fûmes des dizaines sur lui à le rouer de coups et à lui lancer des pierres. Il fut lapidé à mort.

Ceux qui étaient près des portes racontèrent ce qui se passait aux fonctionnaires qui se trouvaient là. Ceux-ci allèrent tout de suite rapporter les faits au Dalaï-Lama. Quelques instants plus tard, une annonce par haut-parleur était faite du palais. Je crus reconnaître la voix de Surkhang Shappé qui annonçait que le Dalaï-Lama ne se rendrait pas au camp chinois. En réponse, la foule poussa un long soupir de soulagement. Ensuite, il nous demanda de rentrer calmement chez nous. Et puis, lui ou peut-être quelqu'un d'autre confirma que le frère de Phagpa-La était bien un agent chinois.

Une fois rassurés et certains que le Dalaï-Lama n'irait pas au camp chinois, beaucoup d'entre nous regagnèrent Lhassa. Ils emportèrent le corps du traître, le traînèrent autour du Jokhang, puis dans le centre de la ville. D'autres restèrent, en majeure partie les hommes du Mimang. Ils dressèrent des barricades tout autour du palais. Il n'était plus possible de faire confiance aux Chinois et nous craignions qu'ils tentent d'enlever le Dalaï-Lama de force. Les soldats de l'armée tibétaine quittèrent leurs casernes et prirent position autour du Norbu-Lingka, au Potala et sur la colline de Chakpori.

Pendant tout ce temps, les Chinois ne montrèrent aucune activité. J'imagine qu'ils devaient réfléchir, faire des plans et des préparatifs. En rentrant à Lhassa, nous avons remarqué que, dans le camp le plus proche du Potala, les colonnes armées se mettaient en position de tir. La fureur et l'excitation nous poussaient à nous battre, nous savions que les Chinois étaient beaucoup plus forts, mais nous étions prêts à combattre jusqu'à la mort, plutôt que de nous soumettre.

Je suis retourné à Sera avec mes amis et, une fois de plus, nous avons passé la nuit à discuter, essayant de faire le point sur la situation. Les abbés nous interdirent de quitter le monastère pendant les six prochains jours. Les nouvelles qui nous parvenaient de Lhassa annonçaient des troubles et une tension de plus en plus forte. D'où nous étions, nous pouvions observer le camp chinois de Trapchi qui redoublait d'activité. On nous informa que les Chinois mettaient leurs grosses pièces d'artillerie en position de tir, pointées sur tous les points importants : le Norbu-Lingka, le Potala, Chakpori, Drepung et Sera. De nouvelles troupes arrivaient chaque jour. De nombreux Tibétains montaient encore la garde devant le palais d'été. Les ministres leur demandèrent de lever les barricades et de rentrer chez eux, mais le climat était tel qu'ils refusèrent, sauf si les Chinois retiraient toutes leurs barricades dans Lhassa et rangeaient leurs fusils. Tout le monde était à bout de nerfs, attendant l'explosion.

Nous avons su plus tard ce qui avait déclenché cette explosion. Un après-midi, nous étions je crois le vingt-sixième jour du mois tibétain, les Chinois pour une raison inconnue lâchèrent quelques obus sur le Norbu-Lingka – sans doute comme avertissement. Enfin, le Dalaï-Lama et ses ministres l'interprétèrent ainsi, et en déduisirent qu'ils s'apprêtaient à attaquer les Tibétains amassés devant le palais et peut-être même à détruire Lhassa. C'est ainsi qu'ils ont décidé de quitter le Norbu-Lingka et de trouver refuge ailleurs. Sa Sainteté a soigneusement décrit dans son livre comment elle a pu s'enfuir et rejoindre l'Inde après un dangereux périple.

Cela a pris quelques jours pour que les Chinois soient certains que le Dalaï-Lama s'était enfui. De notre côté, la rumeur nous l'avait appris tout de suite. Dès que Chandzo Gyalpo l'a su, il m'a envoyé un message. Pour maintenir le doute sur son départ, les gardes et les Tibétains postés devant le Norbu-Lingka sont restés sur leurs positions jusqu'à ce que les Chinois soient convaincus de la supercherie. Nous étions alors le vingt-huitième jour du mois quand ils ont ouvert le feu sur le palais et sur tous ceux qui se trouvaient encore là ; ce fut un terrible massacre.

Le début des hostilités nous alarma. De Sera, nous pouvions voir les épais nuages de fumée et de poussière qui s'amoncelaient sur Lhassa, plus noirs à chaque explosion. Nous étions tous sur les toits, quand, soudainement, trois obus éclatèrent dans la colline qui borde Sera. Les moines glissèrent à couvert. Il y eut un moment de silence, puis une clameur de rage s'éleva entre les murs du monastère. Nous nous sentions attaqués et cherchions un moyen de riposter.

Il n'y eut pas d'autres tirs sur Sera et aucun mouvement de troupes n'animait le camp de Trapchi, nous nous sommes donc un peu calmés. Les Chinois devaient avoir des espions à l'intérieur du monastère, car une poignée de moines répandaient certaines rumeurs qui ne pouvaient être que d'inspiration ennemie. Ainsi, le bruit courut que ces obus étaient des avertissements, qu'il fallait rester calmement où nous étions et surtout ne pas nous rendre à Lhassa. Ces rumeurs n'eurent aucun effet, nous étions enragés, nous entendions les combats autour de Lhassa et les obus éclater. Nous voulions entrer en action.

Un leader émergea, c'était un moine solidement bâti, ce n'était pas un *dob-dob* mais un fin lettré, un *guéshé* du *khamtsen* de Pompara. Son plan était d'aller au Potala pour prendre les armes qui s'y trouvaient. « Que ceux qui viennent avec moi lèvent la main », le vote à main levée est une chose que nous avions appris des Chinois. Et quatre cents bras se sont levés. Il y avait beaucoup de *dob-dob* parmi les volontaires, mais pas seulement. Nous sommes partis immédiatement, sans emporter ni armes, ni provisions.

Au même moment, un autre groupe se prépara à attaquer le camp des moines de Tashilumpo, à côté de Trapchi. Ils avaient l'intention de les empêcher de collaborer avec les Chinois. Ils étaient prêts à utiliser la force, si c'était nécessaire, pour les convaincre.

Sera est distant du Potala de quelques kilomètres ; entre les deux coule une petite rivière encaissée entre de hautes berges sablonneuses. Notre groupe s'empressa de se mettre à l'abri des rives ensablées pour éviter les tirs chinois qui pleuvaient de Trapchi. Personne ne fut blessé. De là, nous pouvions avancer à couvert jusqu'au prochain camp chinois, installé en bordure d'un lac agréablement ombragé, au nord du Potala. Dès qu'ils nous ont aperçus, ils ont ouvert le feu à la mitraillette. Nous étions bien protégés et, là encore, nous sommes passés sans dommage. Il y avait encore quelques soldats de l'armée tibétaine à l'intérieur du Potala, et, dès qu'ils prirent conscience de ce qui se passait, ils tirèrent sur le camp chinois pour faire diversion. Nous attendions, couchés à plat ventre, le bon moment pour avancer quand nous avons aperçu des chars chinois se dirigeant de Trapchi vers le Potala. Je suppose que les soldats chinois du camp du nord les avaient avertis. Par un coup de chance, les soldats du Potala atteignirent l'un des chars d'un coup de mortier. Le blindé prit feu et les deux autres la fuite.

C'était l'occasion qu'il nous fallait pour nous glisser derrière le monastère de Kundeling et progresser à l'abri d'un bosquet de peupliers jusqu'au chemin escarpé qui monte vers la pente nord de la colline du Potala. Nous nous sommes rués vers le haut, rasant les murets des deux côtés du chemin jusqu'à trouver les sentinelles tibétaines, toujours à leur poste devant le portail. Ils nous ouvrirent et nous indiquèrent où trouver les armes et les munitions. La réserve se trouvait tout à l'ouest du Potala, sur la face sud exposée à la vue et à la portée du camp chinois situé au sud du Potala. Personne ne savait qui avait la clef, si bien que nous avons décidé de faire sauter les serrures avec nos sabres ou d'enfoncer les portes à coups de bélier si nécessaire.

Les soldats affirmaient que nous n'avions aucune chance. Guéshé Pompara déclara qu'il fallait prendre le risque et fit de nouveau appel à des volontaires. C'était inutile, nous étions tous d'accord pour essayer.

Le dépôt d'armes se trouvait à l'intérieur d'une solide tour de pierres blanches, à l'écart du bâtiment principal. Nous devions, pour y accéder, descendre un large escalier de pierres glissantes qui partait d'une petite porte située au sud-est du palais. Puis nous devions traverser une cour afin d'atteindre la porte sur le côté de la tour, en partie protégée des tirs chinois. Ils ouvrirent le feu dès que nous nous sommes engagés dans l'escalier mais, cette fois encore, c'est sans encombre que nous avons enfoncé les portes et rapporté des centaines de fusils, nous abritant au mieux derrière les rampes de pierre.

Il fallait maintenant aller chercher les munitions. Le dépôt était complètement exposé, ce serait plus difficile. Nous avons décidé de former une longue chaîne le long de l'escalier pour faire passer les boîtes de cartouches. A ce moment-là, une bonne partie du parapet avait éclaté sous les tirs de mortiers et nous nous tenions accroupis le plus bas possible, tirant et poussant les caisses. Cette fois, malheureusement, il y eut pas mal de blessés. C'était effrayant d'entendre les balles siffler si près de nos oreilles avant d'aller s'écraser sur les murs. Nous n'avons eu qu'un seul mort, un jeune garçon de Lhassa qui avait beaucoup insisté pour se joindre à nous et qui avait fait preuve de détermination et d'un courage exemplaire.

Nous étions de retour à l'abri, armés jusqu'aux dents, mais épuisés et tremblants après tant d'excitation et d'efforts. Il restait quelques heures avant le coucher du soleil et, bien que nous soyons partis depuis longtemps, personne ne pensait à manger. Dans la plupart des chambres et des grandes salles du Potala, il y avait des groupes de femmes et d'enfants qu'on avait envoyés là pour être en sécurité, mais maintenant les Chinois tiraient, et bon nombre de ces malheureux avaient été tués et d'autres étaient blessés. Nous avions pris un moment de repos pour nous occuper des blessés et analyser notre position. Il y avait partout du sang, de la poussière et de la confusion. Beaucoup pleuraient et se lamentaient, effrayés, mais il y avait aussi des femmes et des enfants courageux. Les moines du monastère du Dalaï-Lama, le Namgye Tratsang, étaient tellement choqués qu'ils étaient inutiles. De toute manière, nous ne pouvions pas faire grand-chose, sans eau, sans pansements, sans thé ni nourriture, nous ne pouvions qu'essayer de les encourager et de les réconforter. Ce n'était pas facile. De temps à autre, des obus s'écrasaient sur le Potala, nous pouvions entendre les fusillades qui se poursuivaient tout autour. Les haut-parleurs appelaient la population à se rendre. Les soldats tibétains tenaient encore le puissant temple bâti au faîte de la colline de Chakpori, avec sa grosse tour au milieu. C'était eux qui étaient venus à notre secours lors de notre ascension vers le Potala. Vers midi, les Chinois orientèrent leurs salves dévastatrices vers le temple et le détruisirent presque entièrement. Les soldats tibétains durent abandonner les lieux qu'ils tentèrent bravement de réoccuper dans l'après-midi, avant d'être de nouveau chassés par les tirs. Non loin de là, ce fut le monastère de Kundeling qui prit soudainement feu. Nous regardions, sans pouvoir intervenir, les moines s'enfuir terrorisés et se faire tirer comme des lapins dès qu'ils passaient la porte.

Nos soldats et les hommes du Chuzhi Gangdruk se sont battus avec bravoure. Ils n'avaient que de légers mortiers et de vieux fusils contre une armée moderne, ils ont été sans peur et ils ont pris tous les risques. Un des héros du jour fut le petit infirme qui jouait de la cornemuse dans l'orchestre de la police. Il avait la réputation d'être un gai luron, mais ce jour-là il fut un héros sans peur. Il se ruait à l'attaque des Chinois avec son seul fusil dès qu'il les apercevait, criant, riant, encourageant tous les autres à sa suite. Je suppose qu'il a été tué. En se battant comme ça, il avait peu de chances de s'en tirer.

Là-haut dans le Potala, nous ne pouvions pas faire grand-chose, nous tirions sur chaque Chinois visible. Notre chef eut l'idée d'attaquer le camp chinois au nord du Potala, mais un soldat du régiment de Trapchi l'en dissuada, arguant que nous courions à la mort. Les Chinois étaient bien mieux armés et les abords de leur camp très protégés. Il fut donc décidé d'attendre la nuit pour nous mouvoir plus librement.

Maintenant que nous attendions la tombée de la nuit, nous avions faim et soif. Personne n'avait emporté la moindre nourriture et les malheureux qui s'abritaient dans le Potala n'avaient quasiment rien pour eux-mêmes. Il était impossible de dénicher le moindre intendant ou serviteur du palais, alors nous nous sommes mis à parcourir l'immense bâtiment, filant à travers une quantité de pièces où je n'avais jamais mis les pieds. Nous montions et descendions à travers de sombres passages, des escaliers de bois, de grands halls en petites chambres jusqu'à la salle du conseil des ministres. Nous sommes allés jusque dans les sanctuaires abritant les tombeaux des dalaï-lamas, jusqu'à la grande salle où se trouve le *chorten* doré à tourelle renfermant le corps du Grand Treizième, puis à travers l'obscure chapelle où les corps de plusieurs grands lamas sont conservés. Tous les objets précieux, l'or, les joyaux, les bols, les lampes à beurre, les couronnes, tout était encore là, sans surveillance. Il n'y avait toujours aucun gardien en vue. Ensuite, nous nous sommes dirigés vers les appartements privés de Sa Sainteté, tout en haut à l'est de l'édifice. Nous espérions y trouver de la farine, du thé ou du beurre, il n'y avait rien. Seuls les coupes d'or et d'argent, les bols de jade, les porcelaines, les taies de soie, les statues de métaux précieux rehaussées de pierres étaient à leur place, mais de nourriture point. Pour finir, nous avons pris la farine et le beurre sur les autels et nous avons bu l'eau des offrandes. Aucun de nous n'aurait songé à le faire en d'autres circonstances, mais personne n'eut le sentiment de faire quelque chose de mal. Nous combattions pour le Dalaï-Lama et pour notre foi, ce n'était pas du vol que de prendre ces offrandes pieuses pour manger. Rien d'autre ne fut touché.

Je sais que les Chinois ont toujours affirmé qu'ils n'avaient pas endommagé le Potala et que quelques visiteurs étrangers ont, par la suite, confirmé leurs assertions. Tout ceci est faux, je l'ai moi-même constaté. Le Shol au pied de la colline a été écrasé, le Namgye Tratsang à l'ouest est en ruine, et quelques trous béants percent la façade. J'ai vu aussi les corps de ceux qui furent tués dans le Potala et de ceux, plus nombreux encore, qui sont morts aux alentours.

Ce fut le jour le plus long. Nous attendions la nuit, inactifs mais incapables de nous reposer. Tard dans l'après-midi, quelques obus sont tombés sur Sera que les Chinois avaient laissé tranquille jusque-là, ajoutant à notre inquiétude. La nuit vint enfin. Nous nous sommes mis en route dès que cela fut possible, nous trouvions difficilement notre chemin à travers les passages sombres. Nous marchions silencieusement vers le nord, descendant la colline pour retrouver l'abri des berges de sable. Des camps chinois, des projecteurs balayaient la plaine, et nous en fûmes aveuglés à plusieurs reprises, tandis que les Chinois nous canardaient. Nous tentions d'y échapper en rampant. Il y eut un mort et quelques blessés dans notre groupe, et nous sommes enfin arrivés à Sera.

L'exode vers l'Inde

J'invitai quelques amis dans ma chambre. Sur le chemin, nous avions tellement pensé au bon repas qui nous attendait à Sera que chacun avait sorti le meilleur de ses réserves. Nous avions du thé, de la viande, du beurre et de la *tsampa*, de quoi faire un festin, mais nous étions abattus de tristesse et de fatigue, et personne n'eut la force d'avaler quoi que ce soit. Même le thé, ce thé qu'on ne boit qu'à l'occasion des grandes cérémonies, le meilleur thé qui soit, ne trouva pas d'amateur. On le mélangea à la *tsampa* pour les rations des jours à venir, afin qu'il ne soit pas perdu. Ensuite nous avons essayé de trouver le sommeil.

La nuit ne fut pas calme. Les Chinois bombardaient le monastère et l'attente entre ces obus irréguliers devenait insupportable. A chaque coup, les chiens hurlaient à la mort, les chevaux hennissaient et piétinaient le sol de terreur. Les différents chefs se réunirent pour essayer d'élaborer des plans. Chandzo Dote avait appris, grâce à ses contacts chez les Khampa du Chuzhi Gangdruk, que le Dalaï-Lama approchait de Tawang, un monastère à l'intérieur de la frontière indienne, à proximité du Bhoutan. Il avait proposé que le jeune Lama Sharpa vienne l'y rejoindre. Il fut décidé de former une escorte légère qui devait se mettre en route avant l'aube. Notre chemin partait derrière Sera vers une gorge étroite qui montait en pente raide pour rejoindre un col très élevé qui ouvrait sur la vallée de Phenpo. Prendre la route directe à travers Lhassa était beaucoup trop dangereux. Lama Sharpa avait de l'affection pour moi et Chandzo Dote estima que j'étais assez fort et courageux, et il vint me réveiller, m'annonçant que je partais avec eux. Nous étions une dizaine, le Lama Rampa Kalon qui était ministre des moines et aussi l'oncle du Lama Sharpa se joignit à nous. Il s'était réfugié jusqu'alors dans le petit ermitage au-dessus du monastère. Nous n'avions pas beaucoup de temps pour faire nos bagages, on prit tout ce qu'on pouvait porter et on enterra le reste dans la grande cour du monastère. Autour de nous, d'autres petits groupes se livraient aux mêmes préparatifs, les mules et les chevaux étaient plus chargés les uns que les autres.

Il faisait encore nuit quand nous nous sommes glissés hors du monastère. Nous portions des vêtements laïcs et étions bien armés, Lama Sharpa, Lama Kalon et Chandzo Dote aussi. Lama Sharpa montait son cheval favori, beaucoup d'entre nous suivaient à pied, nous n'avions que quatre chevaux de selle.

En dépit de la fatigue de la veille, je ne me sentais ni triste, ni effrayé, je me demandais simplement si je reverrais Sera un jour.

Nous avons tout d'abord traversé la plaine sablonneuse où les *dob-dob* s'entraînaient il y a peu de temps encore. Très vite, le chemin montait à pic et nous nous dépêchâmes, car le jour allait bientôt se lever. A cette cadence, nous sommes vite arrivés au col, à environ trente kilomètres de Lhassa. Nous étions pressés, mais nous avons pris le temps de sacrifier à la coutume et nous avons passé le col en criant et en jetant des pierres. Le soleil se levait quand nous avons commencé notre descente vers la vallée de Phenpo. Nous voulions rejoindre une petite propriété du *labrang*, à côté du monastère de Nalanda ; la route directe passait par le col Phenpo Go, mais nous savions que les Chinois y avaient posté des hommes. Pour nous détourner, nous sommes descendus un peu plus bas avant de remonter afin de passer par un autre col.

Dès que les fermiers surent que Lama Sharpa était arrivé, ils se précipitèrent pour lui porter les offrandes et recevoir sa bénédiction. Beaucoup d'entre eux pleuraient, ils n'osaient pas s'enfuir, mais faisaient l'impossible pour aider leur Lama sur le chemin de l'exil. Ils offrirent des chevaux à ceux qui allaient à pied, ils donnèrent généreusement ce qu'ils avaient de mieux.

Nous avons repris notre route en descendant la vallée où nous avons rencontré un camp de Khampa, des soldats du Chuzhi Gangdruk. Nous avons constaté avec tristesse que certains d'entre eux posaient de sérieux problèmes aux paysans, ils se servaient de force dans leurs réserves, volaient leurs chevaux et parfois même enlevaient leurs filles. Ils nous ont arrêtés et ont d'abord tenté de nous convaincre de nous joindre à leurs forces pour attaquer les Chinois à Lhassa. Nous avons refusé, car nous ne pouvions cautionner leur attitude. Mais au moment où nous avons voulu repartir, ils se sont saisis de nos chevaux en menaçant de nous abattre si nous allions plus loin. En quelque sorte, ils nous firent prisonniers. Nous aurions pu nous battre, mais ça n'aurait rien arrangé, alors nous avons pris notre mal en patience, bien décidés à leur fausser compagnie à la première occasion.

Les Khampa avaient installé leur quartier général dans une vieille demeure appartenant à la famille Lhalu, demeure qui fut détruite par un avion chinois cette même journée. L'avion apparut dans le ciel aux alentours de midi, il volait très bas et envoyait des rafales de mitraillette sur tout ce qui bougeait. Il toucha un grand nombre de vaches et de moutons, mais aucun d'entre nous ne fut blessé. Au moment où les Khampa ont tenté de riposter, il fit volte-face et vint lâcher quelques obus sur la maison, là encore sans atteindre personne. Nous avons profité de la confusion pour nous échapper, et, à la nuit tombée, nous traversions la rivière de Phenpo pour arriver à un petit couvent qui se trouvait sur l'autre rive. Les nonnes nous accueillirent avec un bon repas et nous donnèrent un abri pour la nuit. Ensuite, elles ont demandé à se joindre à nous pour tenter de gagner l'Inde. En dépit de leur apparente simplicité, elles étaient rusées et courageuses. Elles s'étaient débrouillées pour cacher de bonnes mules dans leurs étables.

Le lendemain matin, nous avons vu l'avion chinois revenir, il a bombardé sauvagement les alentours de la maison des Shasur, mais, par chance, il ne s'est pas approché du couvent. Dès qu'il fut hors de vue, nous nous sommes mis en route. Le Lama Kalon resta ici avec deux domestiques, il était trop vieux pour endurer le voyage dans ces conditions. Il avait l'intention d'aller se réfugier dans un domaine voisin. Une douzaine de nonnes nous accompagnaient, seules les plus âgées restèrent.

Nous devions descendre la vallée de Phenpo jusqu'à son point d'intersection avec la rivière de Lhassa, que nous devions traverser. L'eau n'était pas très profonde, mais un rapide courant rendait la traversée malaisée. Ce gué était devenu le point de rencontre de tous les exilés qui s'échappaient de Lhassa par les différents cols. Nous sommes tous passés sans encombre, mais j'ai vu un petit moine être emporté, sans que personne n'ait le temps d'intervenir. Une fois sur l'autre rive, nous avons suivi la rivière jusqu'à Decheng Dzong, ce qui nous ramenait près de Lhassa. Nous n'avions pas assez de chevaux ni de mules pour le voyage et nous comptions nous abriter dans ce domaine pendant qu'une poignée d'hommes iraient jusqu'aux propriétés des Shasur chercher des chevaux.

A Dechen, il y avait un autre camp de Khampa du Chuzhi Gangdruk et une foule de réfugiés, qui avaient traversé la rivière à côté de Lhassa, s'amassait ici ne sachant pas où aller. Une fois le Lama à l'abri, nous sommes partis à toute vitesse chez les Shasur. C'était vraiment très près de Lhassa, nous pouvions voir des colonnes de poussière et de fumée s'élever partout au-dessus de la ville et entendre les fusillades qui duraient toujours. Il n'était pas question de traîner, nous avons regroupé suffisamment de chevaux et sommes repartis tout de suite.

Dès notre départ, nous avons repris la route, il y avait beaucoup de monde à Dechen et nous avions peur que les Khampa ne tentent de nous retenir ou de se saisir de nos chevaux. Nous avons poussé d'une traite jusqu'à un domaine situé au pied de la montagne où se niche le monastère de Ganden. A trois kilomètres à peine de notre lieu d'escale, des soldats chinois s'amusaient à tirer sur Ganden afin de terroriser les moines et de les empêcher d'agir. Heureusement, personne ne nous prêta attention et nous avons passé une nuit à peu près tranquille.

Pour continuer, nous devions emprunter une des larges routes que les Chinois ont construites pour faire passer leurs jeeps, nous nous pressions vers l'est. Il y avait une foule de Tibétains à pied ou à cheval qui fuyaient Lhassa. Ils étaient tous épuisés, ils marchaient les pieds blessés, beaucoup pleuraient. Fort heureusement, nous n'avons vu ni avion, ni blindé chinois ce jour-là. Nous avons bifurqué rapidement vers le sud, en direction d'Oka. Cette route me rappelait mon voyage vers les *drok*, quelques années auparavant. C'est d'ailleurs où nous allions, car Dagpo était un domaine du *labrang*. Des soldats tibétains qui s'étaient joints à nous faisaient sauter les ponts après notre passage pour protéger notre fuite. Il y avait beaucoup moins de monde sur cette route. La campagne abandonnée était devenue sauvage et triste.

Il nous a fallu six jours de marche pour arriver à Drilung, le domaine de Dagpo. Nous empruntions les chemins détournés, le voyage était rude, il faisait froid. Nous nous arrêtions la nuit dans de tout petits villages pour ne pas être repérés. Des Khampa campaient ici et là, mais nous prenions soin de les éviter, surtout depuis qu'on avait appris que les Chinois déguisés en Khampa faisaient des rafles dans les groupes de fugitifs, autour de Dechen et même au-delà. Les nonnes suivaient courageusement, elles ne se plaignaient jamais et se rendaient utiles pendant les haltes, préparant le thé, s'occupant des chevaux, des repas, etc.

Après un voyage harassant, nous espérions tous un bon repas à Drilung. C'était une impression très curieuse de revenir après huit ans, de m'arrêter, sur la route de l'exil, là où j'avais été heureux. Les paysans et les *drokpa* se désolaient du fait que leur lama ait dû quitter son monastère et ils firent de leur mieux pour l'aider. Lama Sharpa, qui était âgé de douze ans à ce moment-là, montra au cours de ce périple de grandes qualités humaines. Jamais il ne se plaignit des dures conditions de notre fuite, il veillait toujours à ce que son cheval soit bien nourri, même si pour cela il devait partager sa ration de *tsampa*.

Nous ne pouvions prendre le risque de rester trop longtemps, chaque jour nous apprenions que les Chinois rattrapaient des groupes de réfugiés. Tout de suite après avoir fait le plein de vivres et échangé nos bêtes épuisées, nous sommes repartis. Nous longions la rivière d'Oka vers la vallée du Tsangpo, le Brahmapoutre, qui se trouvait à deux jours de marche. De là, il nous fallait remonter le long de la célèbre rivière jusqu'au bac de bois qui nous permettrait de traverser et d'arriver à Tsetang. C'était une ville importante, où s'étaient installés de nombreux commerçants prospères, des Ladakhis et des Népalais, ainsi que deux grands monastères. Les Chinois y avaient installé un poste de garde fortifié. Nous sommes arrivés en plein combat entre le Chuzhi Gangdruk et les Chinois. Il était impossible de rester en dehors de la bataille dans la mesure où les hommes du Chuzhi Gangdruk contrôlaient tous les accès à la ville et réquisitionnaient les hommes et les armes.

Il y avait quelque espoir de balayer le camp chinois qui menaçait tous ceux qui s'enfuyaient par

Tsetang, et c'est avec joie que nous nous sommes joints aux hommes du Chuzhi Gangdruk. Cette fois-ci, ils nous ont bien traités et si je dois leur reconnaître de réelles capacités militaires, je n'arrive pas à les trouver sympathiques. Les Amdowa et les Khampa sont connus pour leurs rudes manières et leur indépendance et, s'ils étaient individuellement supportables, en groupe ils se comportaient comme des hordes sauvages et ne nous témoignaient aucun respect. Ils étaient admirablement courageux et, ayant tout perdu, se battant sans relâche depuis trois ans, ils avaient de bonnes raisons de se montrer féroces.

Le camp chinois s'étalait sous terre et les soldats n'en sortaient qu'à la nuit pour aller chercher de l'eau. Comme le camp était cerné, ils nous éblouissaient avec de puissants projecteurs et tiraient quelques rafales de mitraillette pour protéger leurs hommes. Ils blessèrent ainsi un grand nombre de réfugiés.

Nous étions aidés par un ancien officier communiste qui avait fini par déserter, complètement dégoûté. Ce n'était pas le seul déserteur chinois, mais c'était le plus précieux. C'était un commandant efficace et un expert en fusil mitrailleur. A ses côtés, on trouvait un *dob-dob* de Drepung, Wangdi, un homme un peu bravache mais fort et sans peur. Il avait avalé une représentation d'une des plus terribles déités qui protègent la religion. En général, ces images sont conservées comme amulettes, celui qui les mange s'ôte tout espoir de renaissance favorable pendant des siècles.

Notre plan était d'attaquer en deux détachements, l'un sous les ordres de l'officier chinois, l'autre sous les ordres de Wangdi. Nous devions encercler le camp et tirer au mortier, puis faire feu avec nos fusils. Cela obligeait les Chinois à rester sous terre et nous pouvions tous ensemble donner l'assaut. Wangdi trouva une entrée, un groupe de Khampa s'infiltra à sa suite et ensemble ils tuèrent à peu près six cents Chinois. Un bon nombre d'assaillis se sont rendus et sont sortis du camp les mains en l'air, mais ils ont tous été abattus, car il n'y avait aucun moyen de garder des prisonniers. Wangdi trouva la mort pendant l'attaque. Il fut encerclé par l'ennemi au moment où il pénétrait dans l'une des galeries souterraines.

Les Chinois qui étaient restés à leur poste réussirent à riposter à la mitraillette et nous forcèrent à battre en retraite. Nous avons une nouvelle fois tenté d'attaquer, mais leur puissance de feu était trop grande. Le lendemain, il reçurent des renforts qui sauvèrent leur situation.

Quand les hommes du Chuzhi Gangdruk ont vu qu'ils ne viendraient pas à bout des Chinois, ils ont pris les meilleurs chevaux et ont filé sans rien dire, nous laissant nous débrouiller seuls. C'est ce genre de comportement qui m'empêche de les trouver sympathiques.

Il fallait quitter Tsetang avant que les Chinois ne sortent pour ramasser les armes. Nous y avons passé une nuit après le départ du Chuzhi Gangdruk et sommes partis le lendemain à l'aube. Les nonnes nous avaient quittés avant de traverser la rivière, elles avaient décidé de rester à On, incapables d'aller plus loin. Elles nous avaient laissé leurs chevaux, des vêtements chauds, du thé et un peu de nourriture.

Cela faisait une journée que nous étions partis de Tsetang quand il m'arriva une aventure que je n'ai jamais oubliée. Juste au-dessous de nous, j'aperçus un bon cheval près d'un bloc de pierres. Je descendais le chercher seul et je découvris au creux du rocher, une femme de haut rang portant les vêtements de Lhassa, un grand couteau planté dans la poitrine. Le sang coulait à gros bouillons par sa bouche, elle était très blanche et prête à mourir. Envahi par la pitié, je souhaitais au moins abréger ses souffrances. Mais d'un autre côté, il était impensable pour un moine de prendre la vie. Néanmoins, obéissant à une intuition, je pris mon fusil et l'achevai d'une balle.

Effrayé par le coup de fusil, le cheval prit la fuite et je n'ai pas réussi à le rattraper.

A mon retour, je dus expliquer la raison de mon coup de feu. Chandzo Dote m'accabla, disant que je venais de commettre le péché le plus grave, mais le Lama et mes compagnons ont reconnu que c'était peut-être la seule chose à faire. Leur avis me laissait indifférent. Je souffrais en pensant à cette femme, j'étais peiné, mais je ne me sentais coupable de rien. Si nos vies n'avaient pas été à ce point bouleversées, je ne crois pas que j'aurais été capable de faire un pareil geste.

Tawang

Les jours de voyage succédaient aux jours de voyage. Les paysages défilaient, mais la fatigue et l'anxiété m'empêchaient de les apprécier. Dans l'ensemble, le temps était clément à l'exception de quelques nuits glaciales sur les hauteurs. En général, nous dormions dans les villages où quelquefois on mettait une petite chapelle à notre disposition. Partout, les villageois témoignaient respect et affection au Lama Sharpa. Ils ont toujours eu soin de nous offrir leurs meilleurs produits et de bons chevaux. Et c'est grâce à leur aide que nous avons pu voyager sans encombre sur les routes les plus reculées.

Nous croisions de temps à autre des groupes de fugitifs, mais aucune patrouille chinoise ni aucun avion. Des soldats khampa que nous avons rencontrés avaient tué plusieurs cochons sauvages et ils nous cédèrent de la viande à un bon prix. Nous arrivions assez facilement à nous procurer une quantité suffisante de nourriture, mais pour le fourrage, c'était plus difficile, et les animaux étaient affamés. Nous n'étions pas les seuls à connaître ces problèmes, et les routes étaient bordées de cadavres de chevaux et de mules faméliques. Nous avons, nous aussi, dû abandonner les plus faibles, nous laissions les selles sur le bas-côté et chargions ce que nous pouvions dans les baluchons qu'on portait sur le dos. Il ne nous restait plus que trois chevaux à ce moment-là. Par miracle, le cheval du Lama a survécu. Un jour, nous avons même trouvé une mitraillette sur le bord du chemin, je pense que le Khampa qui la traînait devait être trop épuisé pour continuer. Nous aussi, nous l'avons laissée là, elle ne nous était d'aucune utilité. Mais nous n'avons pas hésité à charger le sac de riz qui gisait quelques mètres plus loin. En général, nous nous contentions de *tsampa* et de viande séchée, avec parfois un peu de thé lors des haltes.

Des informations contradictoires circulaient dans les villages et les groupes de réfugiés. Personne ne pouvait dire si les Chinois nous poursuivaient ou si au contraire ils nous attendaient à la frontière indienne. On racontait qu'il y avait un important cantonnement à Tsona Dzong, et nous avons donc évité d'y passer, mais rien ne nous assurait que des patrouilles ne sillonnaient pas toute la région.

Au bout d'une semaine de marche, nous étions au pied de la dernière chaîne à franchir avant Tawang. Nous avons commencé notre ascension vers le Mago-La, un col très élevé. Il a neigé tout le jour et toute la nuit. Le lendemain, la neige était si profonde qu'on ne pouvait passer qu'après que les yacks aient ouvert la voie. Par moment, ils disparaissaient dans la neige, on ne voyait plus que le bout de leurs cornes. Aux endroits où même les animaux ne passaient plus, nous jetions nos manteaux à plat et nous nous roulions dessus afin de damer la neige. Notre progression était extrêmement lente et pénible, beaucoup d'entre nous avaient la peau brûlée par la neige, et le col paraissait infranchissable.

Dans ces conditions épouvantables, les Khampa du Chuzhi Gangdruk montrèrent le meilleur d'eux-mêmes. Ces solides montagnards étaient des éclaireurs infatigables. Ils étaient les meilleurs pour ouvrir la route dans la neige. Nos fardeaux paraissaient de plus en plus lourds et nous semions des objets de toute sorte. On s'est allégés en premier des billets de banque chinois, ils s'envolaient par poignées.

Après une pénible ascension de deux jours dans la neige fraîche, nous avons dû affronter les éléments pour franchir le col. Une fois de l'autre côté, le paysage était complètement différent. Il faisait une chaleur moite, nous découvrions de nouveaux arbres, les rhododendrons aux grosses fleurs de couleur vive et le chant de nouveaux oiseaux. Je m'en souviens précisément, mais à ce moment-là je fus incapable d'en apprécier la beauté. En fait, les Tibétains font peu attention à ce genre de choses. Ici, en Angleterre, j'entends souvent mes amis s'extasier sur un arbre, une fleur, le chant d'un oiseau, je trouve ça bien, mais j'avoue qu'il m'a fallu longtemps avant de le remarquer.

En atteignant l'autre versant, nous étions censés être en Inde, donc en sécurité, mais nous avons encore avancé lentement plusieurs jours avant de rencontrer quelqu'un. La vallée que nous traversions foisonnait d'animaux sauvages, nous en avons profité pour tuer un daim pour le dîner. Nous sommes arrivés au poste frontière, et les gardes indiens nous ont arrêtés. Six soldats vivaient ici, dans une hutte de bois. Ils étaient reliés au quartier général, à Tawang, par le téléphone. Certains d'entre nous parlaient un peu le hindi et quelques Indiens, originaires de Tawang, pouvaient aussi servir d'interprètes. Ainsi nous avons su que le Dalaï-Lama avait atteint Tawang sans encombre et que de nombreux réfugiés nous avaient précédés sur cette route. Les soldats nous informèrent que nous devions attendre pour continuer qu'ils aient reçu l'autorisation de Tawang.

De l'endroit où nous campions, nous pouvions admirer les pics enneigés du Tibet, mais il faisait chaud et humide, les mouches et les sangsues régnaient en maîtres. Cette fois, nous ne manquions pas de combustible, mais nous n'avions plus grand-chose à manger. Il nous restait encore un peu de thé que nous buvions bien fort, très rafraîchissant. Il poussait de l'herbe de Saint-Jacques en grande quantité autour du camp, nous en avons ramassé avec d'autres herbes et les avons fait cuire, mais c'était à peine mangeable. Les gardes indiens se montraient très serviables et très courtois, mais ils n'avaient pas de vivres supplémentaires. Ils avaient demandé de l'aide à Tawang et, en attendant, ils nous offraient des *beedies*.

Comme l'attente risquait de se prolonger, nous leur avons demandé l'autorisation de chasser, il nous l'ont tout de suite accordée à condition bien sûr que nous évitions les vaches. Nous avons rapporté un daim musqué de la chasse et, ce soir-là, l'herbe de Saint-Jacques et les pissenlits eurent meilleur goût.

Entre-temps, d'autres réfugiés étaient arrivés et s'installaient pour attendre. Tous ceux qui arrivaient étaient au bout de leurs provisions, la situation devenait critique quand les avions indiens nous ont survolé et ont parachuté du riz, des *dahl*, du *ghee* et des chèvres. Ça tombait bien et nous leur en fûmes très reconnaissants. Nous avons procédé à une répartition équitable. Les toiles de parachutes ont été récupérées et ont servi à confectionner des tentes, ainsi nous étions mieux protégés que par les branchages.

Une semaine plus tard, nous recevions l'autorisation de continuer vers Tawang, qui se trouvait à quatre jours de marche. Nous progressions lentement dans cette région vallonnée, les chemins étaient raides et glissants, et la température élevée nous incommodait. Pour la plupart, nous allions à pied, mais le cheval du Lama Sharpa était encore en bonne forme. Les Monba, les habitants de Tawang qui étaient venus pour nous guider, étaient bien plus à l'aise que nous dans ce climat. Nous étions beaucoup plus détendus à présent qu'il n'y avait plus personne à nos trousses, et il faut dire que nous ne nous pressions pas trop. La région foisonnait de bambous qui brûlaient bien, nous avions des vivres en quantité suffisante, de bonnes tentes en toile de parachute ; nous avions fini par nous habituer aux sangsues qui, en cette saison, n'étaient pas trop agressives, et tout ceci nous incitait à de longues veillées où nous blaguions et nous amusions à toutes sortes de jeux.

Un peu avant d'arriver à Tawang, nous avons croisé un groupe de soldats du Chuzhi Gangdruk qui retournaient se battre contre les Chinois. Ils nous ont demandé nos armes et nos munitions, mais, jugeant qu'ils étaient suffisamment armés et en l'absence de gouvernement, nous avons préféré refuser en attendant de recevoir des ordres du Dalaï-Lama. Quoi qu'il en soit, d'autres réfugiés leur ont donné toutes leurs armes aux premières menaces.

C'était très excitant d'arriver enfin à Tawang, et nos cœurs frémissaient à l'idée de revoir un grand monastère tibétain blotti au creux d'une colline, surplombant une vallée. Les abbés étaient de Drepung, mais la majorité des moines était des Monba, ces gens simples nous ont accueilli chaleureusement, pourvoyant à notre nourriture. Dans cette région, elle était composée essentiellement de maïs et de blé noir dont nous n'étions pas très friands, mais, à ce moment-là, nous étions presque des mendiants et nous nous en contentions. Il y avait une possibilité d'acheter du riz, de la *tsampa* et du beurre, mais nous n'en avions pas les moyens. Les Monba parlaient un tibétain assez différent que nous arrivions à comprendre sans mal.

Si, de loin, Tawang ressemblait à un grand monastère, de près, on se rendait compte qu'il était sale et lugubre, s'écroulant par endroits. La pluie s'infiltrait le long des murs couverts de fresques, toutes les pièces étaient humides et sentaient le moisi. Il y avait bien deux *tulkou*, chacun à la tête d'un *labrang*, mais l'aspect général n'en demeurait pas moins pauvre et négligé. Une grande bâtisse de pierre qui avait autrefois été une prison s'effondrait complètement.

Nous avons appris en arrivant que le Dalaï-Lama était resté quelques jours ici avant de continuer vers les plaines indiennes, où je supposais que nous allions le suivre. Sur toutes les collines autour du monastère, les réfugiés s'installaient en petits campements et les fonctionnaires indiens s'occupaient de recenser tout ce monde et d'établir des listes. Ils saisirent toutes nos armes et nous délivrèrent des reçus en échange, mais nous savions bien que nous ne les retrouverions pas. Nous aurions mieux fait de les donner au Chuzhi Gangdruk.

Les Indiens ont dû faire de gros efforts pour nous aider. Tous les trois jours, leurs avions survolaient Tawang et lâchaient des vivres. De leur côté, les fonctionnaires indiens appréciaient la manière dont les Tibétains s'étaient organisés pour collecter et partager ces colis équitablement. Tout était soigneusement trié avant d'être distribué sans que quiconque ne tente d'en profiter.

Nous avons passé tout un mois à Tawang, j'avais l'impression que nous allions nous installer. Les Monba et les moines de Tawang venaient nombreux rendre hommage au Lama Sharpa et recevoir sa bénédiction. Ils offraient des vivres et de l'argent, mais tous, nous cherchions des moyens de gagner notre vie. Chandzo Dote fut très déçu quand il se rendit compte que tous les billets tibétains qu'il avait traînés jusqu'ici ne valaient plus rien. S'il avait été moins naïf, il aurait emporté l'or qu'il a enterré dans sa chambre et laissé tous ces billets. Je crois malheureusement qu'il ne reverra jamais cet or. Nous vendîmes les chevaux qui nous restaient, et les Monba furent heureux de nous les acheter. Pourtant, cette région convenait mal aux chevaux à cause des mouches et des sangsues, de plus ils devaient s'habituer à une nouvelle alimentation, mais, pour les Monba, c'était une distinction de posséder un cheval tibétain, et ils offraient de bons prix.

J'avais très peu d'argent et j'ai vendu mes quelques objets de valeur, une amulette en argent et turquoises, mon épée, un moulin à prières en bronze et mon manteau. Cela fut suffisant pour acheter un peu de nourriture en complément des rations que nous recevions. Nous voulions tous travailler, ce n'était pas tant pour l'argent que pour combattre l'inactivité.

Ainsi, j'ai d'abord acheté un bon *kukri* et je sortais couper des bambous que je revendais ensuite comme fourrage. Puis un Indien du nom de Babu La me prit à son service. Par chance, il parlait parfaitement le dialecte de Tawang, ce qui fait que nous nous entendions bien. Je tenais sa maison, préparais le thé et les repas contre ma nourriture, des cigarettes, des vêtements, des chaussures et même un peu d'argent. Il vivait avec une femme monba, mais il était tombé amoureux d'une belle réfugiée tibétaine. Il me promit cent roupies si je parvenais à la convaincre de venir vivre chez lui. J'ai bien essayé de lui parler, mais elle m'envoya promener, elle ne voulait pas entendre parler de Babu La. Son père est venu me trouver peu de temps après et m'a parlé du pays.

Il y avait de très belles femmes parmi les Monba. J'en rencontrai une qui s'amouracha de moi et m'invita chez son père, où je fus très bien reçu et où l'on me pria de rester. Je suis d'ailleurs resté trois semaines chez eux, prenant part à tous les travaux. J'ai même participé aux labours ce qu'un moine ne doit pas faire, mais notre statut de réfugié changeait pas mal les choses. Un beau jour, le père me proposa de renoncer à mes vœux, d'épouser sa fille et de m'installer chez eux. Il n'avait pas de fils et il avait besoin de quelqu'un pour l'aider. La jeune fille était d'accord, elle était jolie et souriante, mais décidément, cette maison était trop sale. Tout sentait le moisi, la pourriture et la crasse, la jeune fille elle-même était assez sale, elle ne se lavait jamais ne serait-ce que les mains, je trouvais qu'elle sentait fort. Et bien que je l'aie embrassée quelquefois, je n'étais pas prêt à renoncer à mes vœux pour l'épouser et m'installer ici. Beaucoup de réfugiés se sont mariés à des femmes monba et sont restés à Tawang, même parmi les *dob-dob*. Chandzo Dote m'avait conseillé de ne pas rester et je crois qu'il avait raison. Je me demande ce qui est arrivé aux Tibétains qui étaient là quand, quelques années plus tard, les Chinois ont pris Tawang.

Un mois après, nous avions l'autorisation de pénétrer plus avant en territoire indien. Avant de nous laisser partir, on nous faisait une piqûre et nous faisait prendre un gros cachet rouge. Je crois que c'étaient des vaccins contre le choléra et la malaria, mais on ne nous a rien dit. Il y avait pas mal de moustiques à Tawang, mais je ne me souviens pas de cas de fièvre. L'endroit était assez sain et peu de réfugiés sont tombés malades.

Et une fois encore, nous nous sommes préparés au départ. Nous allions à Bomdi-La où nous devions trouver un grand camp de réfugiés tibétains et la route goudronnée qui descend vers les plaines. Il nous restait trois mules, ainsi le Lama ne voyagerait pas à pied. Nous marchions, portant nos bagages sur le dos et un sac de nourriture. Pour ma part, on m'avait attribué un sac de viande séchée qui empestait sous ce climat, mais qu'on appréciait lors des repas. Le chemin était mal tracé, montant et descendant les collines, pierreux par endroits et boueux à d'autres. La forêt humide grouillait de mouches et de sangsues. Mes bottes n'ont pas résisté longtemps et je terminai le voyage avec une seule chaussure. Ceux qui étaient partis pieds nus ont réellement souffert, ils avaient la plante des pieds qui éclatait et qui saignait.

Il m'est difficile de comprendre pourquoi ce voyage était aussi pénible ; au Tibet, nous étions habitués à marcher sur de très mauvais chemins sans trop de problèmes, c'était peut-être la chaleur et l'humidité. Nous avions tous vendu nos manteaux en arrivant à Tawang et nous ne le regrettâmes pas, il faisait si chaud que nous nous sommes déshabillés et avons continué notre marche en simple pagne. Ceci nous amusait beaucoup, car c'était impossible au Tibet.

Nous avions suffisamment à manger et aucune raison réelle de nous presser, mais nous avions tous hâte de découvrir l'Inde. Personne ne savait à quoi s'attendre, et nous étions convaincus qu'il serait facile de trouver du travail. Après neuf ou dix jours de marche, nous avons atteint Bomdi-La, nous savions que l'Assam n'était pas loin et nous sommes tous montés sur les collines pour regarder s'étendre à l'infini la vaste plaine plate aux rivières miroitantes. Ce spectacle nous arracha des cris de joie.

En arrivant, nous avons vendu nos trois mules à l'armée indienne pour six cents roupies et, peu de temps après, on nous envoyait à pied à Misamari, un grand camp de réfugiés installé dans la plaine à deux jours de marche. Les malades et les vieillards étaient transportés en camion, Lama Sharpa et Chandzo Dote furent conduits en jeep.

Un coup dur

Nous étions emmenés au camp de Misamari, qui se résumait à un vaste enclos au beau milieu d'une plaine sablonneuse. La terre là-bas était nue, sans arbre et sans ombre. Nous étions dirigés vers l'une ou l'autre des grandes huttes de bambous, alignées par rangées, chacune d'entre elles pouvant accueillir une soixantaine de personnes. Les fonctionnaires indiens, assistés d'interprètes, relevaient nos noms et nos points de départ. Ensuite, après une rapide visite médicale, chacun de nous recevait une serviette et un morceau de savon, afin de prendre un bain dans une rivière qui coulait là, une eau sale et boueuse. Tous nos vêtements étaient brûlés et l'on nous distribuait une chemise, des pantalons et une vieille paire de chaussures indiennes. Nous avions des airs de mendiants, mais, les premiers temps, nous étions joyeux, nous passions les soirées à chanter et à boire du thé. Les fonctionnaires indiens nous encourageaient et prenaient soin de nous remonter le moral. Puis, les premiers jours de repos passés, la question revenait : « Et après ? ». Lama Sharpa et Chandzo Dote furent amenés dans un camp spécial à l'intention des lamas, installé au pied des collines, un peu plus loin à l'est, à Buxa. Et nous, nous sommes restés à Misamari.

Nous nous étions organisés par groupes d'une dizaine, nous partagions les rations entre les groupes et cuisinions ensemble. La nourriture était correcte. Nous étions désormais en mai, il commençait à faire très chaud, la poussière et les moustiques nous incommodaient sérieusement. Il était impossible de dormir, nous étions essoufflés et de plus en plus faibles. La gaieté des premiers temps s'effaçait et chaque jour apportait un nombre croissant de réfugiés. Les fonctionnaires indiens étaient débordés, ils n'avaient plus le temps de bavarder et s'inquiétaient de la surpopulation du camp.

Le commandant était un homme énergique, mais qui perdait son calme dès que quelque chose n'était pas parfaitement exécuté selon ses ordres. Quelques Indiens l'assistaient dans sa tâche, ainsi que des interprètes tibétains et de très jeunes fonctionnaires qui nous servaient de porte-parole. Je reconnais que ce devait être difficile de faire face aux réfugiés de plus en plus nombreux. Tous les lamas et les érudits étaient, dès leur arrivée, dirigés sur Buxa ou Dalhousie. Les laïcs étaient bien souvent envoyés dans d'autres camps où ils travaillaient, il me semble, à la construction des routes. Pour tous les autres, tous ceux qui restaient là, il leur semblait que le choix avait été fait au hasard. Je crois que les Indiens n'imaginaient pas que nous, les moines *dob-dob*, nous pouvions travailler comme n'importe quel laïc.

Ce qui finalement était le plus difficile à supporter, c'était bien d'être là, à ne rien faire. Avec quelques amis, j'allais souvent demander au commandant de nous envoyer quelque part où nous pourrions travailler. Dans le même temps, nous nous portions volontaires pour toutes les tâches à l'intérieur du camp. J'eus la chance d'être embauché par un commerçant indien ; je devais rapporter l'eau et le bois pour le magasin contre deux roupies par jour, ce qui était un apport non négligeable. La plupart d'entre nous avaient déjà vendu tous leurs objets de valeur et plus personne n'avait d'argent.

La saison des pluies arriva vite. Tout fut trempé, la boue s'infiltrait partout et nous regardions avec inquiétude la pourriture s'installer. L'eau n'était plus très potable et un grand nombre d'entre nous tombèrent malades ; ce climat malsain eut raison des vieillards et des plus faibles. Les jeunes mères venues du Tibet à pied arrivaient à bout de forces, elles n'avaient plus de lait et leurs bébés mouraient. Les cas de fièvre et de dysenterie augmentaient, l'hôpital du camp ne suffisait plus. La vue de toutes ces souffrances était insupportable, nous manquions de médecins et de médicaments. Tous ceux qui restaient valides déchargeaient le personnel de l'hôpital, se chargeant de l'eau et de la nourriture des malades.

Un jour, le Pandit Nehru vint visiter notre camp. Il fit un discours par la voix d'un interprète, où il nous appela ses frères, exprima sa compassion et nous encouragea tous à travailler. C'est à ce moment-là qu'il fut le plus applaudi, car c'était justement du travail que nous voulions. Ensuite, un groupe de réfugiés interpréta des danses et des chants tibétains, pour le Pandit et son entourage. Nous étions très étonnés de voir que les femmes indiennes et les Européennes étaient mieux placées que certains hommes et quelquefois plus haut que les lamas et les moines. Au Tibet, les femmes étaient traitées avec respect, mais, en public, elles n'auraient jamais occupé de telles positions.

Sonam était mon ami le plus proche à Misamari, j'avais partagé sa chambre au monastère il y a bien longtemps, et nous avions fait ce voyage ensemble. Depuis, d'autres *dob-dob* de Sera nous avaient rejoints, nous passions le temps comme nous pouvions, en cherchant du travail ou en bavardant. Il n'y avait aucune intimité dans ces tentes, et les lettrés qui se trouvaient là faisaient de grands efforts pour continuer à étudier et à prier. Nous avions tous surélevé nos paillasses pour nous éloigner du sol trempé, certains avaient construit un petit parapet autour de leur espace pour être plus au calme. On les voyait, assis en lotus, le dos tourné au couloir central faisant face au mur. Ils pouvaient y passer des heures, ainsi concentrés sur leurs lectures ou sur leurs exercices de méditation, insensibles à la chaleur et aux mouches.

Nous allions quelquefois traîner vers le grand bazar à l'extérieur du camp. Nous n'avions pas d'argent à dépenser, mais les Indiens se montraient très sympathiques faisant ce qu'ils pouvaient pour nous aider. Les premiers temps, ils avaient été glaciaux, ils se détournaient en disant que nous sentions mauvais, puis, très vite, ils nous avaient parlé et ils s'avéraient très chaleureux. Nous avions pris l'habitude de leur donner toute ration qui restait et je crois que ça les avait touchés.

Le temps s'écoulait très lentement. Nous étions de plus en plus insatisfaits et envieux. Nous étions jaloux de chaque groupe qui partait, surtout quand il s'agissait de gens arrivés après nous. Nous serions partis n'importe où, plutôt que de rester à Misamari.

Quelques mois plus tard, une catastrophe me riva à ce camp. J'avais eu un rêve prémonitoire : je marchais avec deux amis dans les environs du camp quand nous avons croisé un Indien portant une charge de bois, mon ami me cria de ne pas toucher au bois, mais trop tard. Au moment où je posais la main dessus, le fagot s'embrasa et je brûlai tout entier. C'était un pressentiment terrifiant que je gardai soigneusement pour moi et ce n'est que trois jours plus tard que j'en compris l'exacte signification.

Nous étions sortis pour aller débiter un arbre mort et rapporter du combustible au camp. L'un des hommes abattit l'arbre, je me suis trouvé au-dessous. En réalité, je n'étais pas juste au-dessous, mais une branche s'est détachée en tombant, et c'est elle qui m'a heurté. Je perdis l'équilibre sous l'effet d'une douleur aiguë à la jambe. Quand je pus regarder ma blessure, l'os de mon tibia saillait près de ma cheville, les chairs étaient à vif. On me porta jusqu'à l'hôpital où le médecin posa une attelle qui n'eut pas beaucoup d'effet. L'état de ma jambe empirait chaque jour, la plaie suppurait et la douleur devenait insupportable. Mes compagnons ont tenté d'obtenir du commandant l'autorisation de m'amener à l'hôpital américain de Tezpur, pas très loin du camp. Il refusa et je dus rester à l'hôpital du camp où l'on refit mes pansements. La douleur augmentait toujours et mes compagnons continuèrent d'insister pour m'amener à l'hôpital américain.

J'étais désespéré et inquiet pour mon avenir. La douleur était devenue tellement forte que, malgré les soins attentifs de Sonam, je voulais en finir. Je commençais à envisager un moyen pour me tuer.

Au bout du compte, le médecin décida qu'il fallait amputer et qu'on me conduirait à l'hôpital de la mission américaine pour l'opération. Mes amis étaient soulagés de me voir enfin partir pour l'hôpital américain. Pour ma part, j'avais du mal à faire face à cette nouvelle, je soupirais amèrement en me demandant à quoi je servirais avec une seule jambe.

On me transporta en jeep. Le médecin était un homme bon et il était sincèrement désolé de me voir dans cet état. Je finissais de l'inquiéter en refusant l'opération. Alors, il décida de m'informer que je ne vivrais pas plus de cinq jours si on me laissait comme ça. Comme je l'ai déjà dit, je préférais mourir, mais Sonam ne désespérait pas, il m'encouragea en me montrant l'aspect positif ; je l'entends encore me dire : « Tu auras deux bras et une jambe gauche, tu t'en sortiras très bien ». Et l'on me coupa la jambe droite au-dessus du genou. Peut-être que si j'avais été transporté plus tôt dans cet hôpital, je n'aurais perdu que le pied. A mon réveil, ce fut une sensation très bizarre que de comprendre et de sentir qu'il me manquait une jambe.

On me garda à l'hôpital américain un mois environ, pendant lequel on prit bien soin de moi. Les infirmières indiennes étaient douces et attentionnées, une doctoresse américaine venait souvent me rendre visite, ainsi que le chirurgien qui m'avait opéré. Sonam fut autorisé à rester près de moi. Avec un autre de mes amis *dob-dob*, Chukchi, ils m'avaient donné beaucoup de leur sang et, sans eux, je ne serais peut-être plus en vie.

Ensuite, on me ramena au camp, ce qui ne m'enchantait pas. Tout d'abord, je suis arrivé de nuit et j'ai dû attendre le lendemain pour récupérer mes affaires, que j'avais laissées chez le commandant. Tout le monde a été très gentil avec moi. Tous mes amis à l'exception de Sonam étaient partis, mais de nouveaux venus m'abritèrent pour la nuit et partagèrent leur repas et leur thé. J'étais encore faible et j'avais du mal à me débrouiller avec ma jambe valide et ma canne.

Le lendemain, je suis allé prendre mes affaires chez le commandant et je l'ai supplié de m'envoyer à Dalhousie où se trouvaient tous mes compagnons. Cette fois encore, il me condamna à rester et une chose terrible arriva : Sonam, lui aussi, partit pour Dalhousie. Avant son départ, nous sommes retournés ensemble voir le commandant mais une fois de plus, notre démarche n'eut aucun succès.

A ce moment-là, j'étais au plus bas. Mon meilleur ami était parti, les gens recevaient d'autres affectations et le camp se vidait un peu plus chaque jour. A chaque fois que je nouais des relations avec de nouveaux réfugiés, ils étaient rapidement envoyés ailleurs. Il m'est même arrivé de me retrouver seul dans une de ces grandes huttes. Tous ceux qui passaient faisaient le maximum pour me rendre service. Les Indiens et les Tibétains chargés de la répartition des vivres veillaient à ce que je sois bien servi et à ce qu'on m'apporte de l'eau. Pour faire du feu, je récupérais les bambous des huttes vides. Une dame anglaise, Mrs. Bedi, venait en aide aux réfugiés. J'allai la voir pour lui demander de faire quelque chose pour moi. Elle me fit cadeau d'une bonne chemise mais ne pouvait rien pour mon transfert à Dalhousie.

Un jour, un Khampa, que je n'avais jamais vu, fit irruption dans ma hutte, il voulait me venir en aide. C'était un homme très généreux. Il travailla afin de pouvoir acheter un peu de viande pour améliorer mes rations, car il me trouvait encore très faible. Il prenait soin de moi avec gentillesse et certains de ses amis vinrent aussi. Ça ne dura pas et il fut vite envoyé dans un autre camp, mais il laissa deux jeunes moines khampa, Tenzing et Gompo, afin qu'ils veillent sur moi. Ils étaient encore jeunes tous les deux, mais déjà très instruits, c'étaient également de très bons lecteurs. Un des fonctionnaires du camp leur donna du travail et ils me rapportaient toujours l'argent. Ils étaient si gais et si prévenants que je commençais à me sentir mieux. Ils veillaient à ce que notre hutte minable soit aussi bien tenue et aussi propre qu'une cellule de monastère. Tout était joliment arrangé, ils avaient aménagé un jardinet, planté trois bananiers pour avoir un peu d'ombre, et construit dessous un banc avec la tourbe de la rivière. Grâce à ce jardin, notre maison devint célèbre dans le camp et les gens aimaient venir bavarder à l'ombre des bananiers. Au fond de la pièce, nous avions installé un petit autel au pied duquel mes jeunes compagnons récitaient les prières.

Je reprenais des forces et je devenais plus autonome. J'avais de nouveau l'espoir de partir bientôt pour Dalhousie. Quand enfin je fus autorisé à quitter le camp, ce n'était pas pour aller à Dalhousie, mais à Dharamsala où avaient été mises en place des structures d'accueil pour les plus faibles et les blessés. C'était mieux que de rester à Misamari, et, comme le Dalaï-Lama et son gouvernement se trouvait à Dharamsala, il y avait plus de chances de trouver de l'aide.

On me dit de faire le voyage avec un groupe de vieillards, il me faudrait me débrouiller seul. Je me suis opposé en insistant sur le fait que je ne pouvais accomplir seul un aussi long voyage, et que des personnes âgées n'auraient pas la force de m'aider si c'était nécessaire. Je suppliai qu'on autorisât Tenzing et Gompo à m'accompagner et à notre grande joie à tous les trois, la permission fut accordée.

Le convoi se composait d'une centaine d'hommes et de femmes très âgés, et de quelques enfants. On nous emmena en camion jusqu'à la gare de chemin de fer. Le train était bondé, il faisait chaud et le voyage promettait d'être long, mais tout ça n'était rien, nous allions vers des temps meilleurs. Je ne m'en serais pas tiré sans les deux jeunes Khampa, ça n'était pas facile de monter ou de descendre du train pour aller chercher de l'eau. Ils étaient très vigilants à ce que ma jambe ne soit pas écrasée par la foule, ce qui n'était pas une mince affaire. Quelquefois, ils me passèrent par la fenêtre du wagon, c'était le seul moyen.

Nous sommes arrivés à Pathankot après cinq jours de voyage. A notre descente du train, nous avons été conduits dans un camp bondé, et, de là, nous sommes partis tout de suite pour Dharamsala dans des camions. C'était très agréable de s'élever au-dessus de l'air moite de la plaine vers une région boisée. A notre arrivée à Dharamsala, on nous installa dans des chambres aussi petites que des cellules de moine, on nous donna également nourriture et vêtements.

Shasur Teji, l'oncle du défunt Lama Sharpa, qui m'avait si gentiment reçu autrefois à Lhassa, se trouvait lui aussi à Dharamsala, il était maintenant ministre du Dalaï-Lama. Dès que j'ai appris sa présence, je suis allé lui rendre visite. Il se montra bienveillant et généreux, et m'envoya souvent ses domestiques chargés de cadeaux, de nourriture ou d'argent. Il s'arrangea afin que je puisse me joindre à un groupe de réfugiés qui était reçu par le Dalaï-Lama.

Sa Sainteté a remarqué que j'avais perdu ma jambe et s'intéressa gentiment à moi en me témoignant sa sympathie.

Le plus beau cadeau que me fit Shasur Teji fut de me permettre d'aller retrouver mes amis à Dalhousie. Il a fallu un mois pour arranger mon départ ; pendant ce temps-là, j'appréciais Dharamsala. Les deux jeunes Khampa qui m'avaient accompagné faisaient le ménage chez les gens, ils partageaient généreusement l'argent qu'ils gagnaient avec moi. Ils ont appris très vite à parler hindi et gagnaient bien leur vie. De mon côté, j'essayais de me rendre utile autour de moi.

Quand je partis pour Dalhousie, mes deux jeunes amis restèrent. Shasur le leur avait vivement conseillé, ainsi ils auraient plus de chances de recevoir une bonne éducation et de trouver un travail utile, et, de fait, ils allèrent aider dans une nursery au village d'enfants dont s'occupait la sœur aînée du Dalaï-Lama.

Nous étions encore en hiver quand je pris place dans le bus chargé de vieillards qui m'amenait à Dalhousie. Nous sommes arrivés sous la neige, la nuit était déjà tombée et je ne savais pas où m'installer pour dormir. J'ai fait un abri rudimentaire de mes bagages et j'ai passé ma première nuit, dehors, sur le bas-côté de la route. Dès le lendemain matin, j'ai trouvé quelqu'un qui porta un message à Sonam. Il arriva très vite avec tous les amis pour me souhaiter la bienvenue et m'amener à la maison. Ce fut un jour de fête.

Dalhousie est un endroit plaisant aux pentes boisées où l'eau est fraîche et pure. Nous habitions une grande bâtisse de bois qui accueillait quarante personnes. Ils passaient tous la journée dehors, occupés à travailler ou à suivre des cours, et j'étais seul la plupart du temps. J'étais plus vaillant et j'étais à même de m'occuper de la maison et des repas. Sonam gagnait deux roupies par jour qui nous permettaient d'acheter de la viande, des œufs et du lait pour améliorer nos rations. Les choses allaient plutôt bien et je m'habituais à n'avoir qu'une seule jambe, bien qu'il m'arriva quelquefois de me lever comme avant et de me retrouver par terre. Les alentours du camp étaient très vallonnés, et ce n'était pas toujours simple de clopiner avec ma canne, mais je m'en sortais. Je voulais en faire autant que les autres et, au Nouvel An, je suis sorti ramasser du bois avec Sonam. Nous avons grimpé une pente raide et enneigée, mais c'était trop pour moi ; je suis rentré épuisé de cette expédition et j'ai dû rester alité quelques jours. Mes amis s'occupaient de moi avec gentillesse, mais c'était un sentiment désagréable de se sentir différent des autres.

Je pris conscience que pour certains d'entre nous, cela amenait de la malchance de rencontrer quelqu'un qui avait eu un accident de ce type. Un certain jour, un jeune moine venait dans ma direction, je l'avais connu à Sera, nous appartenions au même *khamtsen*. Il changea subitement de chemin en m'apercevant et fit un long détour par le sommet de la colline. Cette attitude me choqua, j'en fut blessé et je replongeai dans la déprime, convaincu de mon inutilité. Heureusement, les gens ne réagissaient pas tous de cette manière. Un autre jour, un moine que je ne connaissais pas, vint vers moi et me glissa un peu d'argent en m'exprimant sa peine.

Mes amis veillaient à mon moral. Notre maison était confortable, nous faisions de bons repas et avions du temps pour nous amuser. Quand il se mit à faire beau, nous partions en pique-nique au bord des rivières. Tout ceci était très agréable, mais j'avais encore trop de temps libre et je cherchais une occupation à travers le camp. A ce moment-là, j'ai fait la connaissance d'un groupe de réfugiés qui préparait une troupe de danseurs pour Ache Lhamo. Je leur proposais mon aide pour la confection des masques et des costumes. Les masques devaient être en cuir rehaussé de cauris, mais du carton fit l'affaire et des boutons remplacèrent les coquillages. Je connaissais aussi la mélodie à la flûte, et les pas de la *Danse du paon*, je les avais relevés lors des représentations à Lhassa. Je me servis de l'armature d'un panier pour faire la silhouette du paon et je la recouvris de tissus et de plumes que nous avions récupérés à Pathankot. Nous avons enseigné le ballet à de jeunes garçons et nous présentions ces danses à chaque fois que le camp recevait des visiteurs étrangers.

Je m'ennuyais toujours et je demandais au commandant de me laisser aller à l'école où les réfugiés apprenaient à tisser, à faire des tapis, du papier, des bottes, etc. C'était un officier très compréhensif, je crois qu'il venait du Bashahr, il parlait bien le tibétain et faisait beaucoup d'efforts pour nous aider et nous trouver du travail. L'école était assez éloignée de notre maison, il fallait grimper au sommet d'une colline par un chemin escarpé. Pour moi, ce n'était pas facile et je ne descendais jamais déjeuner le midi. J'ai appris à tisser et je suis resté un bon moment à faire des tapis là-bas.

Aucun d'entre nous n'imaginait combien de temps il faudrait tenir ainsi. Nous aurions tous souhaité retourner au Tibet, mais les nouvelles étaient mauvaises. Ceux qui parvenaient encore à s'échapper, racontaient des scènes de violence, les Chinois pillaient les villages, punissaient et emprisonnaient tous ceux qui possédaient une parcelle de terre et se saisissaient des propriétés. Seuls quelques moines étaient encore dans les monastères, la majorité d'entre eux avaient été chassés. Les Chinois les envoyaient dans des camps de travail à la construction des routes ou les obligeaient à se marier et à cultiver la terre. Il semblait que la population de Lhassa avait été déplacée, mais personne ne pouvait dire exactement ce qui se passait.

« Genla » et Pasang

L'existence aurait pu continuer ainsi, mais, un certain jour, j'étais à Dalhousie depuis huit mois, un événement inattendu bouleversa ma vie.

Ce matin-là, je m'étais réveillé très tôt en proie à une étrange agitation. Je voulais partir tout de suite pour l'école, mais Sonam me persuada d'attendre, et nous sommes partis à la même heure que d'habitude. Vers midi, un étranger accompagné d'un Sherpa vint visiter l'école. Ils allaient partout, posant des questions à tout va. J'avais le sentiment qu'il fallait que je leur parle, mais, en définitive, je n'osais pas.

Les visiteurs étaient repartis, j'avais avalé mon déjeuner, et je me sentais toujours impatient et excité. N'y tenant plus, je décidai de descendre à la maison et, comme je m'y attendais, je croisai les deux visiteurs en chemin. Il leur était impossible de ne pas me voir, mais ma surprise fut grande quand l'étranger s'adressa gentiment à moi en tibétain, me demandant ce qui m'était arrivé. Je lui racontais mon histoire sans rien omettre et, prenant appui sur le Sherpa, je l'implorai de m'aider à obtenir une jambe artificielle, s'il le pouvait.

Cet étranger était le docteur Snellgrove que j'appellerai « Genla ». Il avait déjà effectué de nombreux voyages à travers le Népal en compagnie de son ami sherpa. Pasang et lui étaient même allés ensemble en Angleterre. En les écoutant, j'eus la ferme impression que je venais de rencontrer ceux qui m'aideraient. Je repris espoir, Genla me promit de me tenir au courant et nota mes coordonnées. Le soir même, je reçus un message qui m'invitait à me rendre à l'hôpital de Dalhousie. Nous nous sommes retrouvés là-bas le lendemain, il fit procéder à un examen approfondi de ma jambe et prendre des mesures pour une prothèse. Ensuite, Genla me reçut dans sa chambre d'hôtel, m'offrit le thé et un peu d'argent. Dans le même temps, il me disait de ne rien espérer et qu'il me tiendrait au courant. Ensuite, Pasang et lui quittèrent Dalhousie.

Une lettre arriva trois semaines après leur départ, me demandant de prendre un interprète et de les rejoindre à Pathankot. Un fonctionnaire tibétain me fournit une jeep, mais je ne connaissais personne qui puisse servir d'interprète, je suis donc parti seul. En arrivant à Pathankot, j'ai appris que Genla était à Dharamsala, mais deux Tibétains de ses amis m'attendaient, Sonam et Lopon Namdak. Ils devaient accompagner Genla en Angleterre pour l'aider à étudier les textes tibétains. Sonam était un jeune fonctionnaire laïc, fils d'une famille noble. Il avait fui le Tibet, peu après le départ du Dalaï-Lama, il n'avait séjourné que peu de temps à Misamari et je n'avais pas eu l'occasion de le rencontrer. Lopon Namdak, lui, était un lama *bonpo* très érudit, qui s'était enfui à travers le Népal où il avait rencontré Genla.

Le lendemain, Genla arriva et nous avons pris le train pour Delhi. Ce voyage n'avait rien de commun avec ma première expédition ferroviaire, cette fois je voyageais comme un fonctionnaire, confortablement.

J'étais respectablement vêtu d'une *chuba* tibétaine, il faisait assez froid à Dalhousie et nous avions vite retrouvé nos robes tibétaines. J'avais encore beaucoup à apprendre sur le mode de vie des étrangers et la façon de se comporter avec eux. Pasang était le plus expérimenté et il nous enseignait tout ça en plaisantant. L'atmosphère était badine et joyeuse, j'avais peine à croire ce qui m'arrivait.

A Delhi, nous avons séjourné dans un ashram tenu par des moines de Ceylan. C'était un endroit propre et plaisant, ce qui incita Pasang et Sonam à me faire prendre un bon bain. Genla me dota d'une paire de pantalons légers et d'une chemise blanche, puis il m'accompagna à l'hôpital. Il était très différent de ceux que j'avais connus jusqu'à présent. Les choses devaient se dérouler ainsi : on devait tout d'abord préparer ma jambe et nettoyer la cicatrice puis on fixerait la prothèse. Pendant que j'étais à l'hôpital, les autres iraient au Népal. Genla avait laissé de l'argent et des consignes à mon intention au fonctionnaire tibétain en charge des réfugiés à Delhi ; celui-ci devait venir me chercher et me fournir une chambre jusqu'au retour de Genla, deux mois plus tard.

J'étais seul, mais cela ne m'inquiétait pas. J'étais le seul Tibétain à l'hôpital, mais je parvenais à parler aux autres malades en hindi sommaire, ils étaient tous sympathiques. Les infirmières et les médecins s'occupaient bien de moi, eux aussi. L'opération était bénigne et je me contentais d'attendre ma prothèse. Je fus assez déçu quand elle est arrivée, fabriquée en bois et en cuir, elle était raide et lourde. C'était bizarre les premiers temps, mais j'ai vite pris l'habitude, c'était quand même plus facile qu'avec mon bâton. Trois semaines plus tard, j'étais prêt à quitter l'hôpital, et c'était le début de mes ennuis. Comme convenu, le médecin envoya un mot au fonctionnaire tibétain, le priant de venir me chercher, mais les jours passèrent sans réponse. On porta d'autres messages en vain. Heureusement, on m'autorisa à rester à l'hôpital, car je n'aurais pas su où aller. J'étais un peu inquiet, mais au fond je savais que Genla me retrouverait. Il avait laissé entendre qu'il m'emmènerait en Angleterre et si j'avais du mal à croire cela, j'étais certain qu'il voudrait voir ma jambe.

Pendant ce temps-là, je reprenais des forces. J'étais maintenant très en forme et très occupé. J'aidais tous ceux qui étaient cloués au lit, je leur apportais l'eau, le bassin, ils avaient toujours besoin de quelque chose. Pouvoir enfin rendre service, aux malades mais aussi aux infirmières qui appréciaient cette aide, me remontait le moral, je me sentais de nouveau utile et heureux. J'étais devenu la mascotte, et tout le monde aimait bavarder avec moi. Deux Américains, des amis de Genla je crois, sont venus me voir plusieurs fois pendant mon séjour à l'hôpital. A chaque fois, ils m'apportèrent des douceurs et des fruits frais, mais je ne suis jamais parvenu à comprendre leur nom et, de ce fait, je n'ai jamais pu les remercier comme je l'aurais voulu.

J'étais toujours sans nouvelles de Genla. Je pris la décision d'agir : je demandai au médecin d'appeler le fonctionnaire tibétain au téléphone et de me le passer. Il ne se désarma pas et répondit simplement qu'il m'avait oublié. J'étais fou de rage et je n'ai pas dû mâcher mes mots ce jour-là. Je savais qu'il avait reçu plusieurs messages et qu'il avait de l'argent à me remettre. Je lui rappelai donc l'accord qu'il avait passé avec Genla et le sommai de le respecter. Son fils vint me chercher en voiture et m'amena dans le bungalow qu'ils occupaient où j'avais une chambre et des repas payés par Genla. Le fonctionnaire ne me prêtait aucune attention. De mon côté, je m'occupais du jardin et de quelques menus travaux pour rester actif.

Une semaine plus tard, il me suggéra d'aller à Kalimpong où je retrouverais beaucoup de Tibétains. Il n'en était pas question, Genla ne m'aurait jamais retrouvé là-bas et s'il fallait que j'aille quelque part, j'irais à Dalhousie. Au moment où je commençais à m'inquiéter, Genla refit surface. Il ne savait pas où j'étais et il passait au bungalow à tout hasard. Il pensait que j'étais retourné à Dalhousie et avait déjà acheté un billet d'avion pour me faire revenir. J'étais vraiment content de le retrouver. Il se mit en colère en apprenant que ses arrangements n'avaient pas été respectés et en toucha deux mots au fonctionnaire en question. Il ne fut pas très content après moi non plus quand il vit que je m'étais proprement rasé la tête. Il m'emmena quand même au restaurant. C'est ce jour-là que j'ai goûté ma première crème glacée, je ne fus pas séduit et, même aujourd'hui, je n'en suis pas friand.

Pasang était à Darjeeling avec Sonam, Lopon Namdak et deux autres Tibétains que Genla voulait emmener en Angleterre. Il s'agissait de deux lamas *bonpo*, Sangye Tenzin et Samten Karmay. Genla décida d'aller les rejoindre. Nous devions prendre l'avion, et cette nouvelle aventure m'excitait. Ce voyage fut bref et confortable, nous pouvions voir le Bengale s'étaler sous nos yeux. J'ai bu de la bière pour la première fois dans l'avion, je n'ai pas vraiment aimé ça, mais je m'y suis très vite habitué. A Darjeeling, nous avons séjourné chez un ami de Pasang. Il y avait beaucoup de Tibétains et je retrouvais avec plaisir Dawa qui avait travaillé avec moi à Kyirong et qui aujourd'hui était un commerçant prospère.

Au cours d'une promenade, Genla me demanda si je souhaitais réellement aller en Angleterre afin de les aider à tenir la Maison du Tibet. Il m'avoua qu'il n'était pas très content de ma prothèse, qu'elle était trop lourde et qu'on arrangerait ça là-bas. Je lui confirmai que j'étais prêt à partir. Ensuite, il me posa de nombreuses questions assez personnelles sur ma vie au Tibet et mon départ. Puis, après avoir demandé quels avaient été mes prénoms jusqu'à présent, il déclara qu'il m'appellerait Tashi. Ça ne me déplaisait pas, *tashi* veut dire « bonne chance » et si pour quelques vieux amis, je suis resté Lhakpa, depuis ce jour-là, on me connaît sous le nom de Tashi.

Genla s'affairait à préparer notre départ pour l'Angleterre. Ce n'était pas simple, il fallait réunir tout un tas de papiers et de permis, sans parler des places d'avion. Genla devait encore se rendre à Delhi et ailleurs, et il fut décidé que Lopon Namdak et moi attendrions à Calcutta que Pasang vienne nous chercher en train. A Siliguri, au départ du train, la police tenta de nous empêcher de partir, car nous n'avions pas encore le passeport qu'il fallait. Nous avons tenté de nous expliquer, mais le ton montait et ça ne servait à rien. Au bout du compte, nous sommes allés en prison en attendant que Pasang, qui avait des papiers en règle, ait pu prévenir Genla. Il arriva vite pour tout arranger. Je me suis dit que ce devait être un homme très important pour être toujours en mesure d'arranger les choses.

Nous devions passer dix jours à Calcutta, où il faisait une chaleur suffocante. Des amis de Genla avaient mis un studio à notre disposition. C'était parfait, car tout en étant dans leur maison, nous étions indépendants, nous faisions nos courses et notre cuisine. Ils nous permettaient d'utiliser leur chauffeur pour aller en ville. Je me souviens que nous avons bu beaucoup de coca-cola, car c'était la seule boisson que nous savions demander. Les premiers temps, nous étions très intrigués par la compagne de notre hôte. C'était une femme jeune, grande et mince, qui portait des pantalons ; nous pensions qu'il s'agissait d'un jeune homme et nous étions surpris de la voir embrasser son mari à chaque fois qu'il sortait ou qu'il rentrait. Beaucoup de choses nous semblaient étranges dans cette maison. Nos hôtes faisaient leur possible pour les simplifier, mais nous ne pouvions pas nous parler, ce qui n'aidait pas.

De Calcutta, nous devions prendre l'avion pour Delhi, puis pour Rome, où nous devions retrouver Genla et les autres. Nous avons reçu nos passeports et nos billets par la poste, et Genla nous a également envoyé de bons vêtements tibétains. Lopon Namdak eut une robe de moine neuve et moi, chemise et pantalons blancs, ainsi qu'un beau manteau tibétain fabriqué à Delhi. Avec une jambe de bois, ce type de vêtement était plus commode que ma robe de moine.

Les amis de Genla nous ont accompagnés à l'aéroport. Nous volions sur Japanese Airlines et nous étions impressionnés par la taille de l'avion. Les repas étaient servis par de jolies Japonaises. Nous ne parlions pas anglais, mais Lopon Namdak qui était végétarien avait appris à dire : « *I don't eat meat* ». Après le repas, on nous tendit des serviettes chaudes, ce qui nous dérouta un peu, et il a fallu que nous regardions ce que faisaient les autres passagers avant de savoir qu'en faire. Vers la fin du voyage, les hôtesses distribuèrent des formulaires à remplir ; nous n'avions pas la moindre idée de ce qu'il fallait faire. Une religieuse, voyant notre embarras, vint à notre secours, et, à l'aide de toute une panoplie de gestes et de grimaces, elle réussit finalement à inscrire quelques lignes sur ces fiches d'immigration.

Nous avons atterri à Rome tôt dans la matinée ; nous étions très inquiets car personne n'était là pour nous accueillir. Un moment plus tard, Pasang arriva suivi du reste de l'expédition. Ensuite, Genla, Pasang, Samten, Lopon Namdak et moi avons pris un autre avion pour Londres où nous sommes arrivés dans la soirée. De là, nous sommes allés à Berkhamsted où Genla avait une maison et où nous devions habiter quelque temps. Les voisins, qui par la suite sont devenus de bons amis, avaient préparé le dîner, et ce fut le début de ma vie en Angleterre.

L'Angleterre

Nous nous attendions à ce qu'il fasse aussi chaud en Angleterre qu'en Inde, et ce fut une surprise agréable de constater qu'il faisait frais – nous étions en septembre. Après une semaine agitée et assez déroutante, nous étions arrivés et nous allions pouvoir prendre le temps de regarder autour de nous. Il fallait apprendre à vivre ici. Genla et Pasang n'avaient pas la tâche facile. Genla nous donnait des leçons d'anglais et Pasang nous accompagnait en ville, nous expliquant tout et nous montrant quel comportement adopter. Nous aidions tous à faire le jardin, le ménage et la cuisine. Genla excellait en la matière et il prit soin de nous apprendre. Je faisais bien la cuisine tibétaine, mais je mis pas mal de temps à posséder ces nouvelles méthodes. Je me souviens que mes premiers gâteaux étaient durs comme du bois. Un jour, je m'étais enduit le visage de beurre comme au Tibet ce qui déclencha une belle série de remontrances.

Genla me conduisit à Roehampton où l'on prit des mesures pour ma nouvelle jambe. Elle fut fabriquée très rapidement, elle était beaucoup plus légère et plus souple que la mienne. Je dus retourner régulièrement voir l'orthopédiste, mais je n'ai plus jamais eu de soucis de ce côté-là. Le personnel médical s'est toujours montré dévoué, me témoignant beaucoup d'intérêt. Bien sûr, même avec cette excellente prothèse, c'était fatiguant et malaisé de se déplacer, mais je m'en sortais vraiment très bien.

Nous sommes allés plusieurs fois visiter les monuments de Londres. Les premiers temps, je n'aimais pas ces promenades. Il y avait partout une foule de gens pressés, beaucoup de bruit et l'odeur épouvantable des gaz d'échappement. Nous en souffrions tous, Lopon Namdak tout particulièrement, il faisait pitié à voir. Je suppose qu'on s'y est habitué, mais l'odeur des voitures m'incommode encore et je suis toujours content d'y échapper. La foule nous confondait, les gens se croisaient sans même s'apercevoir. En Inde, il y avait également une foule, un trafic intense, mais les gens se voyaient, ils n'avaient pas l'air de vivre comme des machines. Habitués à vivre au milieu de gens aux cheveux noirs et aux petits nez, nous étions frappés de voir qu'un grand nombre de personnes avaient les cheveux clairs, un long nez et le visage rougeaud.

Six mois plus tard, Genla nous dégota un appartement près de Primrose Hill dans une rue calme bordée d'arbres et de jardins. L'immeuble était récent et Genla nous meubla de manière simple et coquette. C'était une maison agréable dont le seul inconvénient, pour moi, venait des trois étages que je montais à pied plusieurs fois par jour. La plupart du temps, je restais à la maison à m'occuper du ménage pendant que mes amis allaient en cours à l'université. J'ai moi aussi assisté à quelques cours d'anglais. Nous recevions de nombreux visiteurs et ils semblaient tous apprécier notre cuisine. Il arrivait que ce soit un plat tibétain, mais, la plupart du temps, nous servions de la viande et des légumes cuits à la française, de la salade, du fromage, le tout accompagné de vin et suivi de café. Genla était un fin cordon bleu, il était exigeant et il me fit aimer cette cuisine. Mais en ce qui concerne les boissons, je préfère la bière au vin.

Une fois que nous fûmes bien intégrés et à l'aise en anglais, Genla nous emmena visiter l'Angleterre, le Pays de Galles et l'Ecosse en voiture. Nous aimions tous aller à la campagne et particulièrement en montagne. Par la suite, j'ai accompagné Genla dans un voyage à travers l'Europe. Nous sommes allés en France, en Italie, en Suisse et au Danemark. J'ai beaucoup apprécié les grandes villes, leurs palais, leurs églises et leurs cathédrales, qui me rappelaient le Tibet, bien que les églises soient très simplement décorées en Europe. J'aimais les peintures qu'on voyait au-dessus des autels, mais ces églises semblaient vides comparées aux temples chargés d'or, de pierres précieuses, d'ornements divers, de peintures dorées et de brocarts. J'admirais souvent les cierges brûler, mais je m'étonnais toujours qu'on les souffle après l'office, nous pensons que les lampes doivent toujours être allumées. J'étais impressionné par la musique et les chants, cela me rappelait les assemblées au monastère.

Nous avons également visité de nombreux monastères, c'est d'ailleurs ce que nous préférions. Il nous est arrivé de séjourner plusieurs fois à l'abbaye de Quarr sur l'île de Wight, où la vie ressemblait à celle que nous menions au Tibet. C'était la vie simple et tranquille de ceux qui se sont consacrés à la religion.

Ce qui nous étonnait, c'était que tous les moines, même les lettrés, devaient travailler de leurs mains. Au Tibet, un érudit n'aurait jamais travaillé la terre. Il me semblait que c'était une bonne chose que tous les moines prennent part à ces travaux, même si, bien entendu, les lettrés doivent y consacrer moins de temps.

Après avoir découvert la musique religieuse, j'ai commencé à aimer d'autres musiques occidentales que j'entendais à la radio. De temps en temps, Genla passait des disques. Jouant d'un instrument à vent, je suis plus attiré par ce type d'instruments. J'aime aussi la musique symphonique, mais je trouve quelquefois qu'il y a trop d'instruments en même temps pour pouvoir suivre.

Notre maisonnée devint plus réduite avec les années. Pasang avait appris en France à faire du vin, puis il était retourné au Népal pour s'occuper d'une exploitation viticole. Sonam retourna en Inde – il devint professeur dans un école tibétaine. Puis Sangye et Lopon Namdak partirent eux aussi, et il ne restait que Samten et moi dans ce grand appartement. Samten prit un chambre à l'université et je partis vivre avec Genla à Berkhamsted. Par la suite, Genla fit l'acquisition de deux vieux cottages à Tring et les transforma en deux petites maisons indépendantes. La première comprenait trois chambres, une vaste salle de réception et une grande bibliothèque. Ce fut la Maison du Tibet, qui devait recevoir des visiteurs tibétains et permettre d'organiser des rencontres entre les maîtres spirituels et des étudiants étrangers. De nombreux amis de Genla vinrent nous aider à construire la maison, remplir les armoires et transformer le petit jardin en une cour pavée agrémentée d'une fontaine.

J'étais chargé de m'occuper de la maison, j'avais une chambre spacieuse avec un petit autel au fond et de grands rangements pour mes livres et mes vêtements. J'étais souvent seul, mais ça ne me déplaisait pas. Berkhamsted n'était pas très loin, je pouvais rendre visite à Genla et je fis très vite la connaissance des voisins et des commerçants. Je préférais Tring à Berkhamsted, c'était une plus petite ville, tout le monde se connaissait. Je m'arrêtais souvent au pub, là-bas, on m'appelait Charlie et j'étais toujours le bienvenu.

La campagne autour de Tring est très agréable, et j'allais assez souvent sur les collines de Chiltern pour m'amuser avec un cerf-volant. Les cerfs-volants tibétains sont très faciles à fabriquer, il suffit d'une branche de bambou et de papier. Ils sont très rudimentaires à côté de ceux qu'on voit ici, mais ils volent beaucoup plus haut. C'était un sport très répandu au Tibet. Nous organisions des compétitions acharnées au cours desquelles nous parsemions la ficelle de nos cerfs-volants de morceaux de verre bien coupants, et tentions ainsi de sectionner la ficelle de nos concurrents et de récupérer leurs cerfs-volants. Je crois que nous sommes plus habiles que les Anglais à ce sport, et j'avais toujours beaucoup d'admirateurs. Les gens étaient impressionnés de l'altitude à laquelle je laissais filer mon cerf-volant, pour le faire piquer ensuite tout droit et remonter au dernier moment.

Il y avait également de grands réservoirs d'eau pas loin de Tring et l'un d'eux formait une magnifique piscine. Genla m'encouragea à apprendre à nager car avec une seule jambe, c'est un des sports les moins fatigants. Je n'avais jamais appris à nager au Tibet, peu de Tibétains le font, et, d'ailleurs, bon nombre d'entre eux se noient en se lavant dans les rivières en faisant boire les chevaux. Je suivis des cours à la piscine de l'université, une fois par semaine. Maintenant, je nage assez bien et j'y prends plaisir.

La chose la plus difficile que j'aie apprise fut probablement la conduite. C'est un bon copain qui m'a appris, David Johnston. Ma voiture devait être équipée de commandes manuelles, et, même ainsi, il m'a fallu longtemps pour y parvenir. J'ai souvent eu envie d'abandonner, mais David se montrait très patient et j'ai finalement réussi à conduire. Depuis, j'ai parcouru l'Europe et l'Angleterre, et quand ma voiture est adaptée, je suis très à l'aise au volant. Dès ce moment-là, je me suis senti plus indépendant et plus utile.

Nous étions quelques Tibétains en Angleterre, il y avait également une classe d'enfants à l'école Pestalozzi à Sedlescombe, ce qui portait la communauté à une quarantaine de personnes. A chaque fois qu'un représentant du Dalaï-Lama venait à Londres, c'était une occasion de nous rencontrer. J'ai aussi rencontré de nombreux Tibétains au cours de mes voyages en Europe. En France et en Italie, ce sont plutôt des lettrés qui se sont installés. Au Danemark et en Norvège, les réfugiés ont appris divers métiers, puis sont pour la plupart retournés en Inde. En Suisse, de nombreux Tibétains gagnent leur vie dans les fromageries, les fermes, les boulangeries, ils sont très intégrés et donnent l'impression qu'ils vont rester là. A ce propos, j'étais dans un train en Suisse en compagnie de Sangye, nous avions remarqué quatre jeunes gens assis non loin de nous qui ressemblaient aux Esquimaux que nous avions vus récemment au

Danemark. Au bout d'un moment, nous les avons entendus parler tibétain, et nous avons engagé la conversation. De leur côté, ils avaient pensé que nous pouvions être chinois. Ceci nous fit beaucoup rire, car nous étions tous convaincus que nous aurions reconnu un Tibétain n'importe où. Cela nous montrait à quel point les vêtements, la coupe de cheveux et tous ces petits détails peuvent transformer quelqu'un.

A présent, cela fait si longtemps que j'habite l'Angleterre que je m'y sens chez moi. J'ai d'ailleurs pris la nationalité anglaise, il y a quelque temps. Je crois que je fus le premier Tibétain à agir ainsi.

Pourtant, il y a des choses auxquelles, en tant que Tibétain, je ne parviens pas à m'adapter. Je ne me suis jamais habitué à voir les couples s'embrasser en public ou faire l'amour dans les parcs. Les Tibétains ne prétendent pas que le sexe n'existe pas, il leur arrive aussi de plaisanter à ce sujet, mais ce genre d'attitude en public est considérée comme un comportement impudique et incorrect. Au début, il me fallut un peu de temps pour m'adapter à la désinvolture avec laquelle les gens se présentent et engagent la conversation, c'est beaucoup moins formel qu'au Tibet. Les enfants européens me donnèrent l'impression d'être mal élevés, coléreux et exigeants. Ils avaient toujours l'air de se battre contre quelqu'un et faisaient beaucoup de bruit. Si c'était possible, j'aimerais sincèrement retourner à la vie simple et facile que nous menions au Tibet. Dans l'état actuel des choses, ce serait difficile, avec une seule jambe, je ne serais pas aussi bien soigné en cas de problème. Je me passerais facilement du gaz, de l'électricité et même de la voiture. Je crois que la seule chose qui me manquerait, c'est de pouvoir prendre un bon bain chaud quand j'en ai envie.

En 1967, j'ai accompagné Genla au Népal et en Inde et j'ai pu me rendre compte des conditions dans lesquelles vivaient les réfugiés tibétains. Ce fut un voyage passionnant, nous avons fait toute la route en Land Rover, mais j'ai dû me contenter du rôle de passager car la voiture n'avait pas de commandes manuelles. En passant en Grèce, nous nous sommes arrêtés dans des monastères perchés, comme au Tibet, au sommet des montagnes. Certains d'entre eux étaient tellement inaccessibles qu'il fallait pour y monter, être hissé dans un panier. A Bamian, nous avons admiré les immenses statues du Bouddha. C'est là que notre voiture a manqué d'être emportée par une crue. Nous avons perdu pas mal de vêtements et divers objets, mais nous avons pu rejoindre l'Inde sans encombre.

J'ai pu revoir quelques vieux amis. Les réfugiés s'étaient organisés en équipes réparties dans des fermes communautaires ou occupées à fabriquer des tapis, des bottes, des bijoux en argent entre autres choses. Des compagnies de théâtre s'étaient formées, il y avait aussi de nouveaux monastères, de nouveaux temples. Les moines se regroupaient, mais ces structures étaient beaucoup plus réduites qu'au Tibet.

La plupart des enfants étaient scolarisés et s'adaptaient bien, seuls ceux dont les parents travaillaient à la construction des routes dans les montagnes du Nord ne bénéficiaient pas de ces conditions.

Mon vieil ami Sonam fabriquait des bottes à Dharamsala et son commerce était prospère. Je fus très heureux de le revoir et d'être à même de lui rendre service après tout ce qu'il avait fait pour moi.

Je n'ai pas retrouvé les deux Khampa qui m'avaient soigné à Misamari, ils travaillaient sur les routes à Simla. J'ai appris avec tristesse la mort de Shasur Teji peu de temps avant notre arrivée et, malheureusement, je n'ai rencontré personne qui ait pu me donner des nouvelles de Tshapanang ou de ma famille. Chandzo Dote était à Buxa, mais le pauvre n'avait plus toute sa tête. J'ai même su que le gouverneur de Kyirong enseignait dans une école, autant dire que je n'ai fait aucun effort pour le voir.

Genla m'amena recevoir la bénédiction du Dalaï-Lama. La cérémonie était très simple comparée aux réceptions du Potala. Là-bas, Sa Sainteté était assise sur un trône élevé entouré des dignitaires religieux et des laïcs de haut rang. Les hauts fonctionnaires laïcs occupaient une rangée de petits trônes et les moines s'installaient face à eux. Nous, les moines de Sera, formions une colonne serrée à l'extérieur de la pièce et nous étions fermement maintenus en ordre par les gardes du Dalaï-Lama. Quand on pénétrait dans la salle, chacun d'entre nous se prosternait trois fois, le visage au sol, puis reprenait tout de suite sa place dans la file. Quand nous arrivions près du trône, nous sortions une *khata* blanche de la poche de notre robe et la tendions au chambellan, posté là à cet effet. Puis nous passions devant le Dalaï-Lama, la tête à hauteur de ses genoux et il nous touchait du doigt. Un dignitaire religieux nous posait une bandelette de soie rouge sur l'épaule. Par la suite, nous nouions ce petit foulard autour du cou pour montrer que nous avions reçu la bénédiction.

A Dharamsala, nous avons été reçus seuls. Le Dalaï-Lama était assis à l'occidentale sur une chaise, et un seul assistant se tenait près de lui. Il conversa très librement avec nous. Il me demanda si je me plaisais en Angleterre et me rappela de ne jamais oublier de faire tout ce qui était en mon pouvoir pour aider les Tibétains. C'était merveilleux de pouvoir être aussi près de lui.

Les Tibétains que nous avons pu voir en Inde et au Népal vivaient souvent dans des conditions difficiles, mais la plupart d'entre eux étaient gais et prêts à travailler. Partout, ils s'entraidaient. Il me sembla que dans certains villages, les Indiens étaient encore plus pauvres. D'ailleurs, je n'ai jamais vu autant de pauvreté au Tibet qu'en Inde.

Au Népal, je fis la connaissance d'une Tibétaine de l'Est, j'ai pensé que je pourrais l'épouser et la ramener en Angleterre, mais, jusqu'à ce jour, ça n'a pas été possible. Je dois reconnaître que depuis le temps que je vis loin du Tibet, il m'est difficile de rester moine. Cette vie est impossible à mener en dehors de la structure d'un monastère et, n'ayant pas été éduqué, je ne pouvais pas non plus lire ni étudier les textes religieux. C'est ainsi que j'ai renoncé à mes vœux en présence du maître religieux à Sedlescombe. Pourtant, je me considère encore comme un moine et je ne peux pas oublier les enseignements, la manière dont on nous apprend à nous comporter à l'égard des êtres.

Nous avons dû fermer la Maison du Tibet de Tring en 1969, car Genla partait travailler en Italie. Il a fallu que je trouve une autre activité. Pendant quelque temps, je me suis occupé d'un petit théâtre privé où l'on présentait occasionnellement des concerts et des pièces. La propriétaire, une *lady*, vivait dans une belle demeure anglaise près de York au milieu d'un très beau parc. J'aimais ce paysage calme, j'avais de plus des voisins sympathiques et, pourtant, je me sentais parfois seul. Ensuite, j'ai eu la chance de me faire de nouveaux amis, qui m'ont pris chez eux en me considérant comme un membre de leur famille. J'espère que je leur suis utile. Regardant les douze dernières années, je constate que mon karma m'a entraîné vers une vie que je n'aurais pas pu deviner du petit village où je suis né. J'ai d'abord été coupé de ma famille, puis du monastère et finalement de tous mes amis, j'ai perdu une jambe, et pourtant je constate qu'on m'a témoigné beaucoup d'affection au cours de ma vie et que j'ai eu beaucoup de chance. Finalement, le nom que m'a donné Genla, Tashi – « bonne chance » –, est celui qui me convient.

Achevé d'imprimer
sur les presses
de l'imprimerie Robert
200, avenue de Coulin
13420 Gémenos

Dépôt légal : septembre 1998